SUSANNE SALLER-SCHNEIDER
FOTOGRAFIE DEBRA BARDOWICKS

Französische
Bulldogge

Französische Bulldogge

SUSANNE SALLER-SCHNEIDER

Fotografie: Debra Bardowicks

Inhalt

VORWORT 6

DIE FRANZÖSISCHE BULLDOGGE 8

Herkunft und Geschichte 10

Auf den Spuren der Bullys 12

Verwandte Rassen 18

Die Rasse heute 20

So sind Bullys 22

Meine Geschichte: Louise Hammond 26

Der FCI-Standard 28

Die FCI-Standards auf einen Blick 34

Farbvarianten 36

Bunte Hunde – Die Fellfarben
der Französischen Bulldogge 38

UNSER BULLY 46

Ein Bully soll es sein 48

So finden Sie einen gewissenhaften Züchter 50

Ein Welpe wird geboren 58

Trächtigkeit bei Französischen Bulldoggen 60

Meine Geschichte: Barbara Pallasky 66

Der Beginn einer wunderbaren Freundschaft 68

Gewissensfrage: Rüde oder Hündin 70

Die Grundausstattung 72

Die ersten Tage im neuen Heim 78

84 **FREIZEIT MIT DEM BULLY**

86 *Beschäftigung und Erziehung*

88 Erziehung muss sein

92 Bullys und ihre Artgenossen

94 Miteinander spielen

96 Bullys und Kinder

98 Meine Geschichte: Angelika Meier

100 *Bully-Ausstellungen*

102 Mit dem Hund im Ring

104 **DER GESUNDE BULLY**

106 *Artgerechte Ernährung*

108 Das fressen Bullys

112 *Pflege und Vorsorge*

114 Körperpflege

120 **GESUNDHEITSVORSORGE
UND KRANKHEITEN**

122 *Kranker Hund*

124 Regelmäßige Gesundheitsvorsorge

126 Typische Krankheiten von A–Z

131 Der richtige Tierarzt

132 Wenn der Bully alt wird

134 Dank

136 Making-Of

140 **SERVICE**

140 *Register*

142 *Bücher und Adressen*

144 *Impressum*

MEIN HERZ HÄNGT AN KLEINEN DICKEN HUNDEN

Vermutlich wurde mir meine Leidenschaft für Hunde in die Wiege gelegt. Schon als Kind schenkten mir meine Eltern einen Irish Red Setter – ein toller Spielkamerad, zu dem sich kurz darauf noch ein Langhaardackel gesellte. Viele Jahre später, ich war längst erwachsen, sehnte ich mich wieder nach einem vierbeinigen Gefährten. Und so zog die erste Französische Bulldogge bei mir ein. Irgendwann reifte der Wunsch nach einem weiteren Bully. Eine Hündin sollte es sein, damit eines Tages entzückende kleine Welpen das Licht der Welt erblicken würden. So war es dann auch: Daphne von der Pleissenaue wurde zu meiner Stammhündin.

Eins weiß ich genau: Ich werde sicher mein Leben lang Französische Bulldoggen halten – und wer weiß, vielleicht teilt meine Tochter Linda eines Tages meine Leidenschaft.

Susanne Saller-Schneider lebt seit rund 20 Jahren mit Französischen Bulldoggen. Sie ist zweite Präsidentin im VDH-IKFB (Internationaler Klub Französischer Bulldoggen e. V.) sowie erste Landesgruppenvorsitzende für Bayern und betreut die Geschäftsstelle des IKFB. 2005 gründete sie ihren VDH-FCI-Zwinger »von der Rothenberg-Festung«. Zurzeit gehören zu ihrer (Hunde-)Familie drei Französische Bulldoggen und eine alte Mopsdame.

Susanne Saller-Schneider

DIE FRANZÖSISCHE BULLDOGGE

Stupsnase, Kulleraugen, Segelohren – mit ihren lustigen Knautschgesichtern zählen Bullys eindeutig zu den Charakterköpfen unter den Hunden. Wer einmal sein Herz an die kleinen Rabauken verloren hat, wird ihnen ein Leben lang verfallen sein.

Herkunft und Geschichte

Es mag erstaunen, dass ein so putziger Hund wie die Französische Bulldogge von riesigen Molossern abstammt. Jene schon in der Antike gefürchteten Kampfhunde erreichten leicht eine Schulterhöhe von 80 Zentimeter und brachten an die 100 Kilogramm auf die Waage. Wie fast alle heutigen Hunde entstanden jedoch auch die Bullys durch die Kreuzung verschiedener Rassen. Und so weiß man zwar zum Beispiel, wo und wann die ersten bully-ähnlichen Hunde aufgetaucht sind und dass sie die gleichen Ahnen haben wie ihre englischen Verwandten. Doch die tatsächliche Herkunft lässt sich ebenso wenig exakt datieren wie der Beginn der Reinzucht, also der Zucht innerhalb einer einzigen Rasse. Nur eins ist unumstritten: Das Stammland dieser äußerst bezaubernden Hunde, die auch bei uns immer mehr begeisterte Anhänger finden, war und ist Frankreich.

Auf den Spuren der Bullys

Die eigentliche Geschichte der Französischen Bulldogge begann vor rund 200 Jahren im heutigen Großbritannien. Doch erst von Frankreich aus eroberten die Vierbeiner mit dem drolligen Gesicht und den lustigen Ohren Ende des 19. Jahrhunderts die Herzen von Hundeliebhabern auf der ganzen Welt.

Sah so die »Urmutter« unserer heutigen Französischen Bulldoggen aus? Tatsache ist, dass die putzigen kleinen Bullys von Englischen Bulldoggen wie dieser abstammen.

Bis ins erste Drittel des 19. Jahrhunderts hinein hielten Arbeiter und Tagelöhner in Mittelengland kräftige Bulldoggen, mit denen sie illegale Hundekämpfe veranstalteten. Vermutlich hätte nicht viel gefehlt, und die Rasse wäre von der Bildfläche verschwunden, weil kaum ein Hundefreund mit diesen rauen Burschen in Verbindung gebracht werden wollte. Zum Glück jedoch waren ein paar wenige Liebhaber von den Charaktereigenschaften der Bulldogs überzeugt. Sie setzten alles daran, die Rasse zu erhalten und durch geschickte und wohl überlegte Auswahl wesensfeste Hunde zu züchten. Und tatsächlich gelang es ihnen, aus Vierbeinern, die einst nur für ihren

Mut, ihre Angriffslust und Härte bekannt waren, liebenswürdige und charakterstarke Gefährten zu machen.

Die ersten Spuren

Um 1830 herum waren die Bulldoggen bereits kleiner und leichter als ihre Ahnen: kurzbeinige, gedrungene Hunde mit einem Gewicht zwischen 10 und 15 Kilogramm. Einige von ihnen hatten sogar schon die für Französische Bulldoggen später typischen Fledermausohren – allerdings waren diese eine bloße Laune der Natur und noch lange kein deklariertes Zuchtziel. Die »neuen« Bulldoggen fanden vor allem unter den Webern und Spitzenklöpplern aus London und Nottingham Liebhaber, die sich der weiteren Zucht annahmen. Es dauerte jedoch noch rund 30 Jahre, bis 1860 auf der großen Dogshow in Birmingham – solche Hundeschauen wurden immer beliebter und bescherten der organisierten Hundezucht in Großbritannien ungeahnten Aufschwung – erstmals auch Bulldoggen ausgestellt wurden. Den Preisrichtern fiel es jedoch schwer, die Rasse zu beurteilen, zu sehr unterschieden sich die Hunde in Gewicht und Größe. Daher wurde auf Anraten der Organisatoren bereits zwei Jahre später in London entschieden, die Rasse in zwei Klassen zu teilen: Bulldoggen über 15 Kilogramm waren Schwergewichte, alle, die weniger wogen, zählten dagegen zu den Leichtgewichten. Schon bald waren die Meldezahlen der kleinen Bulldoggen weitaus höher als die der großen Ver-

Was war wohl zuerst da:
Hund oder Kissen?

wandten. Vielleicht lag es daran, dass der Rasse nach wie vor ein schlechter Ruf anhaftete, sodass die Züchter nicht nur versuchten, den Charakter zu mäßigen und zu festigen, sondern ihre Tiere auch optisch abzugrenzen. Und so entwickelte sich nach und nach aus den leichteren Bulldoggen der Typ des Toy-Bulldogs – ein kleineres Exemplar der Englischen Bulldogge, mit den für diese Rasse typischen Rosenohren, die schnell das Herz zahlreicher Hundefreunde gewann.

Ein Engländer in Paris

Infolge der englischen Wirtschaftskrise im ausgehenden 19. Jahrhundert mussten unzählige Arbeiter die Insel verlassen. Sie suchten ihr Glück in der Normandie. Mit im Gepäck hatten sie die

kleinen Bulldoggen – sie waren aufgrund ihrer Größe ideal für die beengten Wohnverhältnisse in den französischen Arbeiter- und Armenvierteln geeignet. Aus reiner Liebhaberei, aber auch um das Familieneinkommen aufzustocken, setzten die englischen Auswanderer die Zucht der Toy-Bulldogs fort. Mit Erfolg, denn für die Gastarbeiter bedeuteten diese englischen Hunde ein Stück alter Heimat.

Die Züchter waren bei der Partnerwahl wenig wählerisch. Sie kreuzten Möpse, Griffons, verschiedene Terrier sowie deren Mischlinge ein und beeinflussten so das heutige Erscheinungsbild und Wesen der Rasse stark. Mit dem Aussehen änderte sich auch der Name der Rasse. Terrier-Boules wurden die kleinen Hunde mit

Züchter und Hundeliebhaber aus vielen Ländern haben seit mehr als 100 Jahren dazu beigetragen, dass wir uns heute an diesen schönen, kleinen und agilen Hunden erfreuen dürfen.

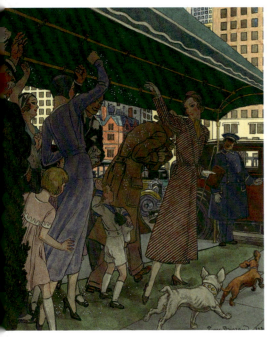

In Amerika fand die Französische Bulldogge auch in der gehobenen Gesellschaft viele Liebhaber, wie diese zeitgenössische Grafik aus den Zwanzigerjahren zeigt.

dem festen, muskulösen Knochenbau in Frankreich zunächst genannt. Sie erinnerten optisch zuweilen schon stark an die heutige Französische Bulldogge, vor allem, wenn ein Tier anstatt der für Englische Bulldoggen meist üblichen Rosenohren aufgestellte Ohren hatte, was immer wieder einmal vorkam.

Die ersten Clubs

Längst hatten die Terrier-Boules Paris erobert, als 1880 eine Gruppe von Züchtern und Liebhabern in der Hauptstadt den Klub »Les Amants des Terrier-Boules« ins Leben rief; bei wöchentlichen Treffen tauschte man sich angeregt über die geliebte Rasse aus. 1885 schließlich legte der »Club Amical« das erste provisorische Zuchtbuch an. Weil die Beliebtheit der Rasse stetig stieg, gründete man 1888 den Klub der Französischen Bulldoggen (Club du bouledogue français). Doch noch einmal mussten zehn Jahre ins Land gehen, bis auch die »Société Centrale de Canine« (wie der VDH ein Zusammenschluss von Rassehundeklubs) die Zucht der Rasse ernst nahm und ihrerseits einen Klub der Liebhaber der Französischen Bulldoggen gründete. Auf Drängen der »Société Centrale de Canine« schlossen sich schließlich beide Klubs unter dem Namen »Club Bouledogue France« zusammen. Die putzigen kleinen Bulldoggen fanden in Frankreich schnell viele Anhänger und waren bald regelrecht »à la mode«. Sie begleiteten nicht mehr nur Lastenträger, Metzger und Kut-

scher bei der täglichen Arbeit. Immer öfter fanden auch die Damen und Herren der besseren Pariser Gesellschaft Gefallen am extravaganten Äußeren und liebenswerten Wesen der Hunde. Zeitgenössische Künstler wie Henri de Toulouse Lautrec konnten sich der Faszination für die freundlichen Vierbeiner ebenso wenig entziehen wie die »oberen Zehntausend«. Sogar der englische König Edward VII. und die letzte russische Zarenfamilie besaßen Französische Bulldoggen.

Der »Frenchy« erobert England

Als ein britischer Hunderichter 1893 mit sechs frisch importierten Französischen Bulldoggen auf der bedeutendsten Hundeausstellung der Insel – der Kennel Club Show – auftauchte und die Tiere in der Klasse der leichten Bulldoggen ausstellte, war die Sensation perfekt. Die Zuschauer bewunderten die kleinen eleganten Hunde mit den großen Stehohren; ihr aufmerksames Wesen und ihre Beweglichkeit machten großen Eindruck. Überall sprach und schrieb man über die reizenden Geschöpfe aus Paris. Kein Wunder, dass die Bullys den englischen Toy-Bulldoggen im wahrsten Sinne des Wortes die Schau stahlen. Man kann sich ausmalen, wie unfreundlich und feindselig die alteingesessenen englischen Züchter auf die Eindringlinge reagierten. Schließlich waren sie der Meinung, dass es neben den englischen keine anderen Bulldoggen geben durfte. Eine erboste Toy-Bulldog-Züchterin schrieb in jenen Tagen gar in der

Echte Bully-Liebhaber suchen in jedem Antiquitätengeschäft und auf jedem Trödelmarkt nach alten und originellen Sammlerstücken rund um ihr Lieblingstier.

Kennel-Gazette: »Das ist nichts anderes als die Wiedergeburt unserer Toys. Aber man kann nicht sagen, der Aufenthalt in Paris hätte ihnen gutgetan. Außer einem perfekten französischen Akzent und einwandfreien Manieren haben sie nichts als Fehler mitgebracht, zum Beispiel diese abscheulichen Fledermausohren.«

Weil sie sich nicht anders zu wehren wussten, verlangten die verärgerten britischen Toy-Züchter letztendlich, dass die neuen Bulldoggen nicht als französische, sondern als englische Rasse bezeichnet werden müssten. Schließlich ließe es sich nicht leugnen, dass sie aus den englischen Toys hervorgegangen seien. Mit dieser Forderung waren jedoch weder die französischen Züchter noch die englischen Preisrichter einverstanden – und nach einigem Hin und Her gewannen die Richter den Streit um den Namen: Die Französische Bulldogge blieb französisch. In England, wo der Bulldogklub (INC) zunächst sowohl Französische Bulldoggen als auch Toy-Bulldogs betreute, nahmen die Streitigkeiten um die Herkunft und die Bezeichnung der Rassen dennoch kein Ende. Im Jahre 1906 schritt schließlich der englische Kennel Club ein und verbot als oberste Instanz, die beiden Rassen miteinander zu kreuzen. Diese Entscheidung bedeutete das Ende für die Toys, denn die Zahl ihrer Liebhaber sank zugunsten der Französischen Bulldogge rasch ab. Und so verschwand die Rasse bis 1930 schließlich langsam, aber sicher völlig von der Bildfläche.

Keine Frage, die Ähnlichkeit ist nicht zu leugnen. Vielleicht halten deshalb viele Boxerbesitzer auch noch einen Bully.

Bullys in aller Welt – USA und Europa

In der Entwicklungsgeschichte der Französischen Bulldogge haben nicht nur die Engländer und die Franzosen eine wichtige Rolle gespielt, auch die Amerikaner trugen einen großen Teil dazu bei. Denn anders als in England bereitete man der neuen Rasse in den USA einen begeisterten Empfang. Bereits 1896 kam der US-Amerikaner Georges Phelbs nach Paris, um dort nach besonderen Exemplaren derjenigen Rasse zu suchen, die ihn bereits auf seiner Europareise Ende der 1880er-Jahre begeistert hatte: die Französische Bulldogge. Mit der Unterstützung eines englischen Veterinärs, der bei der Pariser Hundeshow arbeitete, aber auch dank seiner eigenen Hartnäckigkeit und einem gewissen Maß an

Glück gelang es Phelbs schließlich, zwei besonders schöne Hunde mit Stehohren zu erwerben. Sie sollten den Grundstein für die Bully-Zucht in den Vereinigten Staaten legen. Jenseits des Atlantiks interessierten sich vor allem die besseren Kreise für die kleinen Hunde. Die Nachfrage war groß, und schon bald reisten begeisterte amerikanische Bully-Fans selbst nach Paris, um dort einen originalen Welpen zu kaufen. Die maßgeblichen Einflüsse in der Entwicklung der Rasse kamen also zweifellos aus England, Frankreich und Nordamerika. Dennoch kann ihre Geschichte unmöglich von den Anfängen der Zucht in Österreich, Deutschland und der Schweiz getrennt werden. In Deutschland widmete sich zunächst vor allem Max Hartenstein der Zucht von Französischen Bulldoggen. Der bekannte Hundezüchter hatte die Rasse schon 1870 während einer Frankreichreise kennengelernt und importierte aus Paris einige herausragende Exemplare für seinen Zwinger »Plavia« in Berlin. In Süddeutschland dominierte die gebürtige Österreicherin Marianne Müller mit dem Zwinger »von der Mühle« in Gräfelfing bei München die Zucht der Französischen Bulldoggen. Und so wurden Berlin und München schnell die Zentren der deutschen Bully-Zucht. In Österreich und der Schweiz startete die Zucht um 1890, also nur wenige Jahre nach dem Beginn der offiziellen Zucht in Frankreich.

Die Gründung des IKFB

Im Jahre 1909 schlossen sich in München Bully-Begeisterte aus vier Nationen zusammen, darunter der Spanier John Blacker, die Deutschen Heinrich Knotz und Max Hartenstein, der Engländer Ernest Langford und die Österreicherin Marianne Müller, um den »Internationale Bouledogue Français-Club« (IBFC) zu gründen. Unter dem Namen »Internationaler Klub Französischer Bulldoggen« (IKFB) existiert dieser erste deutsche Bully-Klub bis heute. 1913 erschien das erste offizielle Zuchtbuch des Vereins. Es registrierte in Deutschland 306 Französische Bulldoggen aus insgesamt 58 Zwingern. Im selben Jahr gewann Hartenstein auf der Pariser Hundeschau mit seinen Hunden alle ersten Plätze. Der Rüde Patrice Plavia erhielt unter 120 gezeig-

ten Französischen Bulldoggen sogar den Titel »Best of breed« (Bester der Rasse). Nicht zuletzt aufgrund dieses großartigen Erfolges hatte Hartensteins Zwinger großen Einfluss auf die Zucht im gesamten deutschsprachigen Raum.

Die Zukunft der Zucht

In den letzten Jahren ist die Anzahl der Bully-Züchter und somit auch die der Würfe stark gestiegen. Durchschnittlich werden heute im Jahr 320 Welpen ins Zuchtbuch eingetragen. Und die ungewöhnlichen Hunde finden immer mehr Anhänger. Weil die Französische Bulldogge aufgrund ihrer kurzen Schnauze zugleich jedoch immer stärker in den Fokus der Tierschützer geriet (Stichwort Qualzucht), steckte der IKFB die Zuchtauflagen noch höher, als es bisher schon der Fall war. So muss ein potenzielles Zuchttier heute einen Kilometer innerhalb von zehn Minuten zurücklegen, um die Kondition zu beurteilen, die Herzfrequenz nach Belastung zu kontrollieren und zu prüfen, ob der Hund Atembeschwerden hat. Darüber hinaus ist es unerlässlich, die Zuchttiere mithilfe der neuesten medizinischen Tests auf vererbbare Defekte und sonstige Erkrankungen zu untersuchen. Ein Röntgenbild der Wirbelsäule und die strenge Untersuchung der Patella (Kniescheibe) sind ebenfalls verpflichtende Tests, um Beschwerden bei den Nachfahren so weit wie möglich auszuschließen. Denn auch zukünftig muss das Zuchtbestreben gesunden, rassetypischen Bullys gelten.

Auch der englische König Edward VII. war ein begeisterter Bully-Freund. Er verhalf der Rasse in seiner Heimat zu großer Beliebtheit.

Verwandte Rassen

Keine Frage: Die Französische Bulldogge ist wirklich einzigartig. Dies liegt nicht zuletzt daran, dass die Züchter im 19. Jahrhundert die unterschiedlichsten Hunderassen einkreuzten – darunter auch die hier gezeigten vierbeinigen »Verwandten«, die bis heute das typische Erscheinungsbild der Bullys prägen.

MOPS
Von den kleinen doggenartigen Gesellen hat der Bully sein quadratisches, gedrungenes Erscheinungsbild (viel Masse in kleinem Raum).

JACK RUSSEL TERRIER
Optisch ähnelt dieses Rasse dem Bully weniger als zum Beispiel der Mops. Doch der kleine, kräftige und lebhafte Arbeitsterrier sorgte dafür, dass Bullys sich heute recht flink bewegen können.

ZWERGGRIFFONS
Die kleinen Belgier sind intelligent und aufmerksam – und genau diese Eigenschaften haben sie auch an die Bullys vererbt. Noch eine Ähnlichkeit: Beide Rassen haben einen fast menschlichen Gesichtsausdruck.

BORDEAUXDOGGE

Sie gehört zu den größten Verwandten: den Mollosern. Das Haarkleid ist wie beim Bully kurz und glatt, der Körper muskulös und athletisch. Sie ist wie die Französische Bulldogge kein Kläffer und hat einen sensiblen Charakter.

TYPISCH BULLY – *trotzdem kann man an einigen ihrer Körpermerkmalen recht gut erkennen, von wem die Französische Bulldogge abstammt. Sie sehen: Sie stammt nicht von schlechten »Eltern«.*

ENGLISCHE BULLDOGGE

Die gemeinsamen Ahnen sind nicht zu übersehen: Wie ihre englischen Verwandten sind auch die heutigen Bullys breit gebaut, untersetzt und tief gestellt. Allerdings sind sie kleiner, zierlicher und vor allem leichter.

Die Rasse heute

Clown, Philosoph, Aristokrat, Charmeur, ein kleiner Hund mit dem mutigen Herzen eines Löwen: all diese Versuche, den Charakter einer Französischen Bulldogge zu beschreiben sind so vielfältig wie treffend. Eine Französische Bulldogge ist eben nicht einfach irgendein Hund, sie weicht vielmehr von fast allen hundetypischen Eigenheiten ab. Doch die großen Fledermausohren sind ebenso wenig kupiert wie die Rute. Die Haare sind nicht getrimmt, sondern von Natur aus glatt und kurz. So ungewöhnlich die Französische Bulldogge auch aussieht, an ihr ist alles echt. Ihr freundlicher Charakter, ihre gute Laune und ihre Lebensfreude machen sie zu einem wunderbaren Begleiter für jeden Hundefreund. Denn eines können Bullys am besten: Menschen vom ersten Augenblick an verzaubern und eine große, immerwährende Liebe entfachen.

So sind Bullys

Französische Bulldoggen polarisieren. Die einen können sich überhaupt nicht für die Rasse erwärmen, die anderen verfallen ihr mit Haut und Haar. Das liegt sicher auch an ihrem ungewöhnlichen Äußeren.

Weil gerade das Ungewöhnliche oft gefragt ist, sind Französische Bulldoggen in jüngster Zeit mehr und mehr zum Modehund geworden. Immer mehr Menschen schmücken sich mit diesem eigenwilligen, muskulösen, aber auch eleganten Rassehund. Weil die Gesundheit der Hunde allzu oft einer unkontrollierten Massenzucht und schnellem Profit zum Opfer fällt, kann ein Hundemodetrend einer Rasse jedoch durchaus schaden. Als Bully-Freund oder zukünftiger Halter sollten Sie daher die spezifischen Bedürfnisse des Bullys nie aus den Augen verlieren und sich vor dem Welpenkauf genau über Züchter und Zucht informieren.

So sind Bullys – Charakter, Eigenschaften und Bedürfnisse
Im Gegensatz zu vielen anderen kleinen Hunderassen ist der Bully kein Kläffer, sondern ein ruhiger Hund. Bei genügend Auslauf kann er gut in der Wohnung gehalten werden. Zu viele Treppen sollte er jedoch nicht steigen müssen, weil das seiner Wirbelsäule schadet. Seiner Neugier und Aufmerksamkeit entgeht trotz seines ruhigen Wesens zwar kaum etwas, als Wach-, Hof- oder Hütehund ist er jedoch nicht geeignet, und auch der Einsatz als Jagdhund ist zweifelsohne bei der Französischen Bulldogge nicht zu empfehlen. Wie die äußere Erscheinung schon vermuten lässt, sind die kleinen Hunde ebenfalls nicht zu Profisportlern geboren. Suchen Sie also einen Vierbeiner, der Sie auf langen Rad- oder Joggingtouren begleitet, sollten Sie von dieser Rasse besser absehen. Der Bully liebt zwar ausgiebige Spaziergänge durch Feld, Wald und Flur, auch kann er ab und an in Windhundmanier losspurten und neigt beim Spielen gerne einmal zum Überschwang. Ein leistungsstarker Ausdauersportler ist er jedoch nicht, was nicht zuletzt an seiner Kurzatmigkeit liegt.

Ein ausgeprägtes Schoßhündchen ist die Französische Bulldogge deshalb aber noch lange nicht. Zugegeben, sie liebt ihr Schläfchen auf dem Sofa oder stundenlanges Faulenzen – wobei ihr Schlaf ähnlich wie bei Möpsen häufig von grunzenden, schnarchenden und schmatzenden Geräuschen in allen Tonlagen begleitet wird. Zu eintönig und bewegungsarm darf der Hundealltag aber auch nicht aussehen – selbst der friedlichste Hund kann bei Langeweile und Unterbeschäftigung Unarten und unangenehme Marotten entwickeln.

Zarte Seele in rauer Schale
Französische Bulldoggen sind einfach kleine, fröhliche Begleithunde. Am liebsten haben sie ihre Menschen um sich und nehmen am alltäglichen Geschehen teil. Stundenlang allein in der Wohnung zu bleiben oder gar Zwingerhaltung sind für den Bully die schlimmste Qual. Denn er braucht und sucht die Nähe zu seinem Herrchen oder Frauchen mehr als jede andere Hunderasse. Er sehnt sich nach Streicheleinheiten und will sich gerne das Fell kraulen lassen, am liebsten

Zweifelsfrei hat die Französische Bulldogge in den letzten Jahren einen gewaltigen Boom erlebt. Galt man mit einem Bully-Welpen lange Zeit in jeder Hundeschule als Exot, befindet man sich heute vielerorts in kurzschnäuziger Gesellschaft.

So unkompliziert Bullys auch sind: Ein gewisses Maß an Erziehung ist auch bei einem kleinen Hund nötig, damit alltägliche Dinge wie das Gassigehen nicht zum Spießrutenlauf werden.

stundenlang, um danach zufrieden grunzend einzuschlafen – ohne diese Zuneigung würde er seelisch verkümmern. Schließlich ist der Bully ein treuer liebevoller Gefährte, der seinem Herrchen, seinem Frauchen oder seiner Familie einfach nur uneingeschränkt seine Liebe schenkt – und gefallen will. Sollten Sie sich also für eine Französische Bulldogge entscheiden, haben sie einen treuen Begleiter, der Ihnen in jeder Lebenssituation zur Seite steht.

Kleiner Dickkopf

Natürlich können Sie auch mit einem Bully jederzeit die Begleithundeprüfung absolvieren. Allerdings musste wahrscheinlich schon jeder Bully-Besitzer die ernüchternde Erfahrung machen, dass diese Hunde durchaus ihren eigenen Willen haben – und zum Beispiel einfach mal ruhig sitzen bleiben, um die Sonnenstrahlen zu genießen, anstatt zu üben. Eine Französische Bulldogge ist eben kein Gebrauchshund, der sofort alles umsetzt, was man von ihm verlangt – auch wenn sie grundsätzlich sehr gelehrig ist. Hat sich der kleine Molosser erst einmal etwas in das runde Köpfchen gesetzt, lässt er sich nur noch schwer davon abbringen. Seine Dickköpfigkeit ist nicht zu unterschätzen, eine Französische Bulldogge hat Charakter. Und so überschätzt sie sich in mancher Alltagssituation auch gern einmal und lässt sich selbst von großen Artgenossen nicht einschüchtern. Bösartig oder gar aggressiv ist sie jedoch nie.

Was Sie hier sehen, ist eine ganze Bully-Dynastie: Uroma Daffy, Mutter Emma, Tochter Anea (von links nach rechts) und ganz vorn Urenkel Schecki. Schönheit und Klasse sind eben doch vererbbar.

Viele Bully-Besitzer, deren Hunde miteinander verwandt sind, kennen sich persönlich. Das hat den Vorteil, dass Züchter sehr gut über die einzelnen Zuchttiere Bescheid wissen; sie sehen sie nicht nur im Showring, sondern wissen auch, wie sie sich in ihrer gewohnten Umgebung verhalten. Dadurch haben sie noch mehr Informationen über das Wesen der Hunde – was wiederum der Zucht zugutekommt.

Meine Geschichte

Sie hat zu Hause einen Hunderiesen, um den sie so manches Kind beneidet. Aber ihr Herz gehört den beiden frechen Bullys der Großeltern. Dabei war Louise am Anfang ebenso wenig wie ihr Bruder Albert davon begeistert, dass Oma und Opa noch einmal »Hundenachwuchs« bekommen sollten. Schließlich hatten sie nach dem Tod ihres Rottweilermischlings endlich Zeit, mit ihnen auf den Spielplatz zu gehen.

Wer tröstet hier wen? Kinder, die mit Hunden aufwachsen, wissen, dass sie immer einen treuen Freund zur Seite haben.

»Als ich Molly und Filou das erste Mal gesehen habe, dachte ich, dass unsere Großeltern zwei Meerschweinchen für uns gekauft hätten. Weil unser eigener Hund riesengroß ist, hätte ich nie gedacht, dass ein Hundebaby so winzig sein kann. Mein kleiner Bruder und ich haben natürlich sofort angefangen, mit den beiden zu spielen und mit ihnen zu schmusen – und fanden sie viel besser als Meerschweinchen. Lang haben Molly und Filou aber nicht durchgehalten und so krabbelten sie bald wieder zusammen zum Schlafen in ihr Körbchen. Sie waren damals eben noch richtige Babys.

Die beiden sind dann aber ziemlich schnell gewachsen und wurden richtig frech. Beim Spielen mussten wir jetzt aufpassen, weil ihre Milchzähne ganz schön spitz waren. Albert war damals selbst erst zwei Jahre alt und ist beim Rennen oft noch gestolpert. Das haben Molly und Filou natürlich ausgenutzt … Aber meine Eltern und Opa haben zwischendurch mit den Hunden geschimpft, dann ging es wieder. Mittlerweile sind Molly und Filou schon fast vier Jahre alt; in Menschenjahren sind das beinahe 30 Jahre. Sie könnten also schon selbst Mama und Papa sein. Aber sie sind Geschwister und außerdem ist Molly kastriert.

Heute können wir alleine mit Molly und Filou spazieren gehen, weil sie nicht fest an der Leine ziehen oder wegrennen. Nur Molly mag keine Katzen; wenn sie beim Gassigehen eine entdeckt, müssen wir gut aufpassen, dass sie uns nicht ausbüchst und hinterherläuft. Denn wir wissen nicht genau, ob sie allein wieder zurück nach Hause finden würde. Außerdem könnte sie auf die Straße rennen.

Man kann prima mit Molly und Filou spielen. Sie sind nicht so stark, und wir müssen uns nicht vor ihrem wedelnden Schwanz in Acht nehmen wie bei unserem eigenen Hund. Wenn der sich freut, tut das nämlich ganz schön weh. Außerdem schlabbern Molly und Filou nicht so viel herum wie unser Hund.

Am liebsten werfen wir den beiden Bällen oder bringen ihnen »Kunststückchen« bei. So richtig klappt das leider noch nicht, aber das wird schon noch. Verfressen genug sind die zwei auf jeden Fall, und daher wird es mit genug Leckerli schon noch werden. Vielleicht können wir für Oma und Opa dann einmal eine richtige Zirkusvorstellung geben. Ein rosa Röckchen würde ich Molly dazu aber niemals anziehen, denn das finde ich Tierquälerei.

Jeder von uns hat seinen Lieblingshund. Das ist praktisch, weil wir uns so nicht streiten müssen und jeder Hund gleich viel gestreichelt wird. Mein Bruder Albert mag Filou lieber, ich Molly. Wenn ich traurig bin, kommt sie zu mir und tröstet mich. Sie hüpft aufs Sofa, legt ihr Pfötchen auf mein Bein und schaut mich mit ihren Kulleraugen an. Ich kann ihr dann alles erzählen, was mich bedrückt oder ärgert. Sie behält jedes Geheimnis für sich. Deshalb freue ich mich immer, wenn wir uns wieder sehen.«

Wahre Liebe: Für Louise gibt es nichts Schöneres als mit Molly im Garten zu toben und zu schmusen.

LOUISE (10) UND IHR BRUDER ALBERT (6) wachsen mit drei Hunden auf. Während zu Hause eine gutmütige alte Deutsche Doggendame den Tag verdöst, können sie bei ihren Großeltern mit den Französischen Bulldoggen Molli und Filou nach Herzenslust herumtoben.

Der FCI-Standard

Als größter kynologischer Dachverband unterstützt die Fédération Cynologique Internationale (kurz FCI) weltweit Zucht und Verwendung von Rassehunden. Ihre Mitglieds- und Partnerländer organisieren internationale Hundeausstellungen und Arbeitsprüfungen, bilden Zucht- und Leistungsrichter aus und erstellen Ahnentafeln.

Zu den Aufgaben der FCI gehört es auch, international gültige Rassestandards zu veröffentlichen. Diese legen fest, wie das Idealbild einer Rasse aussehen sollte und welche Wesenszüge erwünscht sind. Das Hauptaugenmerk liegt dabei auf dem Wohlergehen der Hunde; Gesundheit, Wesen und Verhalten stehen an erster Stelle. Momentan erkennt die FCI 339 Rassen an, die in zehn Gruppen gegliedert sind. Die Französische Bulldogge gehört zur FCI-Gruppe 9 (Gesellschafts- und Begleithunde) und innerhalb dieser Gruppe zu den kleinen doggenartigen Hunden (Selektion 11).

Der Rassestandard der Französischen Bulldogge

Schon 1898, im selben Jahr, in dem die »Société Centrale Canine« die Französische Bulldogge als Rasse anerkannte, gab es auch den ersten Rassestandard, der jedoch in den Jahren 1931/32, 1948 sowie 1986 nochmals geändert und überarbeitet wurde. Der heutige Rassestandard, der für alle FCI-Mitgliedsländer gilt, ist seit 1995 gültig.

ALLGEMEINES ERSCHEINUNGSBILD
Die Französische Bulldogge ist ein typischer, kleinformatiger Molosser. Trotz seiner geringen Größe ein kräftiger, in jeder Hinsicht kurzer und gedrungener Hund, mit kurzem Fell, kurzem, stumpfnasigem Gesicht, Stehohren und natürlicher Kurzrute. Sie muss den Eindruck eines lebhaften, aufgeweckten, sehr muskulösen Tieres von kompakter Struktur und solidem Knochenbau vermitteln.

VERHALTEN UND CHARAKTER
Umgängliches, fröhliches, verspieltes, sportliches, aufgewecktes Wesen. Besonders liebevoll im Umgang mit ihren Besitzern und mit Kindern.

KOPF
Der Kopf muss sehr kräftig, breit und quadratisch sein; die ihn bedeckende Haut bildet nahezu symmetrische Falten und Runzeln. Der Kopf ist gekennzeichnet durch den eingezogenen Oberkiefer- und Nasenbereich; der Schädel macht an Breite wett, was er an Länge verloren hat.

OBERKOPF
Schädel: breit, nahezu flach, mit stark gewölbter Stirn. Die vorstehenden Augenbrauenbogen werden durch eine zwischen den Augen besonders entwickelte Furche getrennt. Die Furche darf sich auf der Stirn nicht fortsetzen. Sehr wenig entwickelter Hinterhauptkamm. Stop ist sehr stark ausgeprägt.

GESICHTSSCHÄDEL
Nasenspiegel: breit, sehr kurz und aufgeworfen; Nasenlöcher sind gut geöffnet und symmetrisch sowie schräg nach hinten gerichtet. Die Neigung der Nasenlöcher und die aufgeworfene Nase (»aufgestülpt«) müssen jedoch eine normale Nasenatmung erlauben.

Der Schädel sollte zwischen den Ohren nicht gewölbt sein und kurz dahinter enden.

Nasenrücken: sehr kurz und breit; zeigt konzentrisch symmetrische Falten, die auf den Oberlefzen abwärts laufen (Länge: ein Sechstel der gesamten Kopflänge).

Lefzen: dick, ein wenig schlaff und schwarz; die Oberlefze trifft die untere in der Mitte und verdeckt die Zähne völlig (die Zähne dürfen nicht sichtbar sein). Die obere Lefze ist im Profil fallend und abgerundet. Die Zunge darf nicht sichtbar sein.

Kiefer: breit, quadratisch und kräftig. Der Unterkiefer verläuft in einem weiten Bogen und endet vor dem Oberkiefer. Bei geschlossenem Fang mildert der gebogene Verlauf der Unterkieferäste das Vorstehen des Unterkiefers (Vorbiss). Der gebogene Verlauf ist nötig, um ein zu starkes Vorstehen des Unterkiefers zu vermeiden.

Zähne: Die Schneidezähne des Unterkiefers dürfen auf keinen Fall hinter den oberen Schneidezähnen stehen. Der untere Zahnbogen ist abgerundet. Die Kiefer dürfen nicht seitlich verschoben oder verdreht sein. Der Abstand der Schneidezahnbogen kann nicht strikt festgelegt werden; Oberlefze und Unterlefze müssen so aufeinandertreffen, dass die Zähne völlig verdeckt werden.

Wangen: Die Wangenmuskulatur ist gut entwickelt, jedoch nicht hervortretend.

Augen: aufgeweckter Ausdruck; tief eingesetztes Auge, ziemlich weit vom Nasenspiegel und vor allem von den Ohren entfernt; von dunkler Farbe, ziemlich groß, schön rund, leicht hervorstehend und ohne jede Spur von weiß (weiße Augenhaut), wenn das Tier nach vorne schaut. Der Lidrand muss schwarz sein.

Diesem jungen gestromten Rüden läuft so schnell keiner den Rang ab: Seine Läufe sind gerade, die Schultern kurz, dick und fest bemuskelt. Der Oberarm ist kurz, die Ellbogen liegen am Körper an. Die Vorderfüße sind kräftig und kurz – ein Prachtkerl.

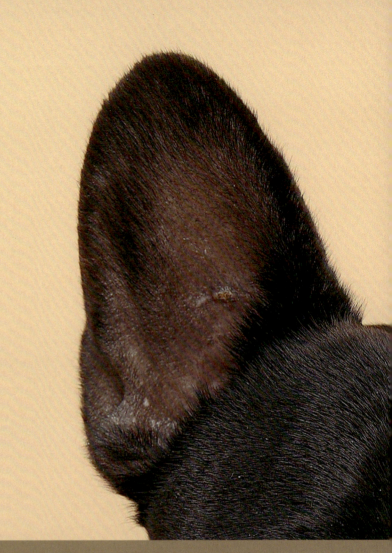

Die dunklen Augen sind ziemlich groß, schön rund und stehen leicht hervor. Wenn das Tier nach vorne schaut, ist nichts Weißes zu sehen. Der Lidrand muss schwarz sein.

Die Fledermausohren sind mittelgroß und an der Spitze abgerundet. Sie sitzen hoch am Kopf und werden aufrecht getragen. Die Ohrmuschel ist nach vorne geöffnet.

Ohren: mittelgroß, am Ansatz breit und an der Spitze abgerundet. Sie sind hoch auf dem Kopf angesetzt, stehen jedoch nicht zu dicht beieinander und werden aufrecht getragen. Die Ohrmuschel ist nach vorne geöffnet. Die Haut muss dünn sein und sich weich anfühlen.

HALS
Kurz, leicht gebogen, ohne Wamme

KÖRPER
Obere Profillinie: steigt bis in die Lendengegend stetig an, um dann zur Rute hin rasch abzufallen. Ursache für die angestrebte Form: die kurze Lende.

Rücken: breit und muskulös

Lenden: kurz und breit

Kruppe: schräg

Brust: walzenförmig und sehr tief; fassförmige, stark gerundete Rippen

Vorbrust: weit geöffnet

Untere Profillinie und Bauch: aufgezogen, jedoch nicht windhundartig

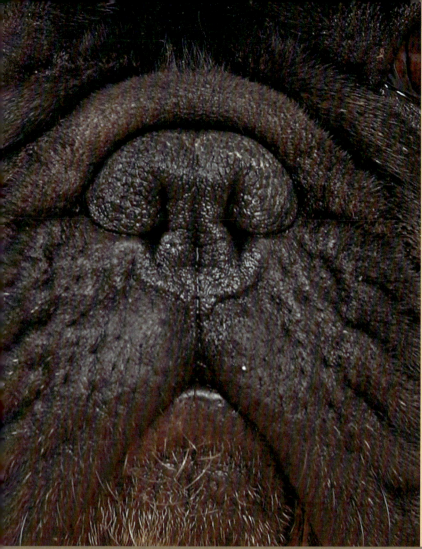

Der Nasenlöcher sind gut geöffnet und symmetrisch. Die Neigung der Nasenlöcher und
die aufgeworfene Nase müssen jedoch eine
normale Atmung erlauben.

Die kurze Rute ist am Ansatz dick und tief an der
Kruppe angesetzt. Sie liegt an den Hinterbacken
an und hat mindestens zwei Wirbelglieder. In Bewegung muss sie unter der Horizontalen bleiben.

RUTE

Kurz, tief auf der Kruppe angesetzt, an den Hinterbacken anliegend, am Ansatz dick; Knoten-
oder Knickrute; zum Ende hin verjüngt. Selbst in
der Bewegung muss sie unterhalb der Horizontalen bleiben. Eine relativ lange (aber nicht über
das Sprunggelenk reichende) und sich verjüngen-
de Knickrute ist zulässig, aber nicht erwünscht.

GLIEDMASSE

Vorderhand: Läufe gerade und senkrecht, sowohl
in der Seiten- als auch in der Vorderansicht

Schultern: kurz, dick; hervortretende, feste
Bemuskelung

Oberarm: kurz

Ellbogen: unbedingt am Körper anliegend

Unterarm: kurz, gut abgesetzt, gerade und
muskulös

Vorderfußwurzel/Vordermittelfuß: kräftig und
kurz

Hinterhand: Die hinteren Gliedmaßen sind kräf-
tig und muskulös; sie sind etwas länger als die
Vordergliedmaßen und überragen dadurch die
Hinterhand. Sowohl in der Seiten- als auch in der
Rückansicht sind sie gerade und senkrecht.

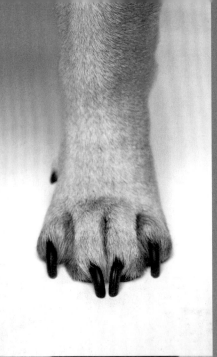

Weil die Pfoten so rund und
klein sind, werden sie auch
Katzenpfoten genannt. Die
Zehen sind kompakt, die
Ballen hart, dick und schwarz.
Die kurzen, dicken Nägel
müssen bei gestromten Bullys
schwarz sein. Bei allen ande-
ren Farben werden dunkle
Nägel bevorzugt.

Oberschenkel: muskulös, fest, nicht zu sehr
gerundet

Sprunggelenk: recht tief gestellt, nicht zu stark
gewinkelt, vor allem aber auch nicht zu steil

Hintermittelfuß: kräftig und kurz. Die Französische Bulldogge darf von Geburt an keine
Afterkrallen tragen.

Pfoten: Die Vorderpfoten sind rund und klein
(»Katzenpfoten«); guter Kontakt zum Boden,
leicht ausgedreht. Die Zehen sind sehr kompakt, die Krallen kurz, dick und gut abgesetzt.
Die Ballen sind hart, dick und schwarz. Bei
gestromten Tieren müssen die Krallen schwarz
sein. Bei den Farben »caille« (fauve-gestrom-
te Hunde mit mittlerer Weißscheckung) und
»fauve« (falbfarbene Hunde mit mittlerer
oder überhandnehmender Weißscheckung)
werden dunkle Krallen bevorzugt, helle Krallen jedoch nicht bestraft. Die Hinterpfoten
sind sehr kompakt.

GANGWERK
Der Bewegungsablauf ist frei; die Gliedmaßen
bewegen sich parallel zur Medianebene des Körpers.

HAARKLEID
Haar: schönes, dichtes, glänzendes und weiches
Kurzhaar

Farbe: gleichmäßiges Fauve, gestromt oder ungestromt, oder mit begrenzter Scheckung. Gestromtes oder ungestromtes Fauve mit mittlerer oder
überhandnehmender Scheckung.

Alle Abstufungen der Falbfarbe sind zulässig, von
»Rot« bis zu »Milchkaffee«. Völlig weiße Hunde
teilt man der Farbe »Gestromtes Fauve mit überhandnehmender weißer Scheckung« zu. Bei besonders schönen Hunden mit sehr dunklem Nasenschwamm und dunklen Augen mit dunklen
Lidrändern kann eine gewisse Depigmentierung
im Gesicht ausnahmsweise toleriert werden.

GRÖSSE UND GEWICHT
Eine Französische Bulldogge in gutem Zustand
darf nicht weniger als 8 Kilogramm und nicht
mehr als 14 Kilogramm wiegen, wobei die Größe
im Verhältnis zum Gewicht steht.

Fehler
Jede Abweichung von den im Folgenden genannten Punkten wird bei Ausstellungen als Fehler
angesehen, dessen Bewertung in genauem Verhältnis zum Grad der Abweichung stehen sollte.
Manche anatomischen Abweichungen können
zu gesundheitlichen Problemen führen (wie die
enge Nase).
• enge oder zusammengekniffene Nase, chroni-
  sche Schnarcher
• vorn fehlender Lefzenschluss (die Lippen sind
  nicht geschlossen)

- depigmentierte Lefzen (an kleinen Stellen der Lippe fehlt das schwarze Pigment)
- helle Augen
- Wamme (herabhängende Hautfalte am Hals)
- hoch getragene Rute; zu lange oder anormal kurze Rute
- lose Ellbogen (mehr oder weniger nach außen gedrehte Ellbogen)
- steiles oder nach vorn versetztes Sprunggelenk (keine Winkelung in der Hinterhand)
- unkorrekte Gangarten (alle Gangarten die erheblich von einem parallelen Gangwerk abweichen)
- getüpfeltes Haarkleid
- zu langes Haar

Schwere Fehler
- bei geschlossenem Fang sichtbare Schneidezähne
- bei geschlossenem Fang sichtbare Zunge
- »trommelnder« Hund (schnelle Bewegung der Vordergliedmaßen)
- depigmentierte Stellen im Gesicht mit Ausnahme bei fauve-gestromten Hunden mit mittlerer Weißscheckung (»caille«) und falbfarbenen Hunden mit mittlerer oder überhandnehmender Weißscheckung (»fauve«)
- übermäßiges oder ungenügendes Gewicht (nicht weniger als 8 und nicht mehr als 14 Kilogramm)

Ausschließende Fehler
Hunde, die deutlich physische Abnormitäten oder Verhaltensstörungen aufweisen, müssen disqualifiziert werden. Die Wesensschwäche führt zwangsläufig zu Problemen für Hund und Halter.
- aggressiv oder ängstlich
- Nasenschwamm von anderer Farbe als schwarz
- Hasenscharte
- die unteren Schneidezähne schließen hinter den oberen
- die Fangzähne sind bei geschlossenem Fang ständig sichtbar
- verschiedenfarbige Augen
- nicht aufrecht getragene Ohren
- Ohren, Rute oder Afterkrallen kupiert
- Afterkrallen an den hinteren Gliedmaßen entfernt oder vorhanden
- Schwanzlosigkeit
- Haarfarbe »Schwarz mit Brand«, »Mausgrau«, »Braun«

Nachbemerkung (N. B.)
Rüden müssen zwei offensichtlich normal entwickelte Hoden aufweisen, die sich vollständig im Hodensack befinden.

Das kurze Haarkleid der Französischen Bulldogge ist dicht, glänzend und weich – auch ohne viel Pflege. Nur beim Fellwechsel im Frühjahr und Herbst kann der Hund stärker haaren.

Dunkle, große und runde Augen
mit pigmentiertem Lidrand

Große, symmetrische Nasenlöcher.
Kurzer, breiter Nasenrücken

Breiter, quadratischer und kräftiger Kiefer.
Die untere Zahnreihe darf nicht hinter den
oberen Schneidezähne stehen (Vorbiss)

Quadratischer, kräftiger und breiter
Kopf mit gleichmäßiger Faltenbildung

Leicht gebogener, kurzer
Hals ohne Wamme

Die FCI-Standards auf einen Blick

Gerade, senkrechte Vorderläufe.
Ausgestellte Pfoten, anliegende
Ellbogen (französischer Stand)

Hoch am Kopf angesetzte, aufrecht getragene
Fledermausohren mit abgerundeten Ohrspitzen

Muskulöser breiter Rücken
(Karpfenrücken)

Kurze, tief auf der Kruppe
angesetzte Rute; muss an
den Hinterbacken anliegen

Muskulöse, gerade und senkrecht
stehende Hinterläufe. Das Sprunggelenk darf nicht zu steil oder zu
stark gewinkelt sein.

Walzenförmige und
sehr tiefe Brust

Kleine, runde Pfoten (Katzenpfoten). Die Farbe der Nägel
entsprechen dem Haarkleid.

Farbvarianten

Kaum hat man sich für eine Französische Bulldogge entschieden, taucht
die nächste Frage auf: Welche Farbe soll der Hund haben? Eine Schecke ist sicher sehr attraktiv und
sticht mehr ins Auge als ein dunkler Bully. Aber auch eine fawnfarbene Französische Bulldogge mit
schöner schwarzer Gesichtsmaske ist ein wunderbarer Anblick. Wie so oft liegt die Schönheit im
Auge des Betrachters – und zuweilen spielt auch die Mode eine Rolle. Bis vor einigen Jahren gab es
in Europa fast ausschließlich dunkel gestromte Bullys. Schecken waren eher die Seltenheit und fawnfarbige Tiere wurden noch nicht einmal auf Ausstellungen gezeigt. In Deutschland waren fawnfarbige
Hunde lange Zeit nicht zur Zucht zugelassen, und so war dieser Farbschlag hierzulande kaum ver-
treten. Im europäischen Ausland (etwa in den Niederlanden, Belgien und Frankreich) war das
anders. Dort kamen schon immer zahlreiche fawnfarbene Bulldoggen zur Welt – und so bereichert
diese Farbe heute die Palette der unterschiedlichen Haarkleider, was es für zukünftige Halter nicht
gerade einfacher macht, sich zu entscheiden. Auf den folgenden Seiten finden Sie einen Überblick
über die unterschiedlichen Farben und deren wichtigste Kennzeichen.

Bunte Hunde – Die Fellfarben der Französischen Bulldogge

In Deutschland sind nur dunkel gestromte und falbfarbene Hunde sowie Schecken in unterschiedlichen Varianten zur Zucht zugelassen. Ein seriöser Züchter bietet daher keine anderen Farben an. Unabhängig von der Farbe sollte das Haarkleid einer Französischen Bulldogge schön dicht sein und glänzen.

Die Mischung macht's: Jeder dieser beiden Bullys ist eine Schecke, aber der linke hat fauvefarbene Platten, der rechte gestromte Abzeichen. Bei beiden Varianten ist ein gutes schwarzes Pigment an Nasen, Lefzen und Augen wichtig.

In Deutschland gab es lange nur dunkle Bullys. Erst 1995, mit der Überarbeitung des FCI-Rassestandards, durften auch Fawns in die Zucht aufgenommen und ausgestellt werden. Die bis dahin sehr spezielle Haarfarbe hielt schnell Einzug in den deutschen Zwingern, wo man durch gezielte Verpaarungen (vor allem mit Tieren aus dem europäischen Ausland) die neue »Modefarbe« erfolgreich vermehrte.

Die Nachfrage nach fawnfarbigen Bulldoggen war in den ersten Jahren enorm – was nicht ohne Folgen blieb. Zum einen verlangte so mancher Züchter unerhört hohe Preise für die (noch) seltene Fellfarbe. Zum anderen litt auch das Äußere

der Hunde. Achtete man anfangs noch auf eine schwarze Maske (das Gesicht sollte schön abgegrenzt schwarz erscheinen) und dunkle Nägel, waren nun immer mehr Hunde mit hellen Nägeln zu sehen. Kleine Schönheitsfehler wie die unzureichende Pigmentierung der dunklen Augenlider und Lefzen häuften sich ebenfalls. Doch selbst wenn man sein Herz an einen bestimmten Farbschlag verloren hat, so sollte die Gesundheit des Hundes für den zukünftigen Halter doch wichtiger sein als die bloße Optik – gerade bei »Modefarben« ist hier Vorsicht geboten.

Farbdefiniton nach der FCI

Der offizielle FCI-Standard beschreibt die Farben der Französischen Bulldogge wie folgt: »Gleichmäßiges Fauve, gestromt oder ungestromt oder mit begrenzter Scheckung. Gestromtes oder ungestromtes Fauve mit mittlerer oder überhandnehmender Scheckung. Alle Abstufungen der Falbfarbe sind zulässig, von Rot bis hin zu Milchkaffee. Völlig weiße Hunde teilt man der Farbe gestromtes Fauve mit überhandnehmender weißer Scheckung zu. Wenn ein Hund einen sehr dunklen Nasenschwamm und dunkle Augen mit dunklen Lidrändern aufweist, so kann bei besonders schönen Exemplaren ausnahmsweise eine gewisse Depigmentierung im Gesicht toleriert werden.«

Auf den Punkt gebracht heißt das: Die Grundfarbe aller Französischen Bulldoggen ist Fauve, also ein warmes Beige. Ein Beispiel: Die Grund-

farbe eines umgangssprachlich als dunkel gestromt bezeichneten Bullys ist demnach nicht etwa schwarz mit goldgestromten Abzeichen; korrekterweise handelt es sich um eine falbfarbene Bulldogge mit dunklem Strom.

Der gestromte (brindle) Bully
Dabei handelt es sich, wie oben beschrieben um einen fauvefarbenen Hund mit dunklem Strom. Die meisten Tiere sind nicht durchgehend gestromt, sondern haben einen mehr oder weniger großen weißen Brustlatz. Bei diesem Farbschlag unterscheidet man in der Regel zwischen dunkel und hell gestromten Hunden. Dies bezieht sich aber nicht auf die Farbe, sondern vielmehr auf die Stärke der Stromung: Eine dunkelgestromt-

fauvefarbene Französische Bulldogge hat eine starke Stromung, eine hellgestromt-fauvefarbene ist nur wenig gestromt. Nägel, Lefzen, Nasenschwamm und Lider sollten immer dunkel sein.

Der gescheckte (white and brindle) Bully
Wie beim gestromten Bully ist auch beim Schecken die Grundfarbe Fauve, auch wenn das Haarkleid überwiegend weiß erscheint. Die falbfarbenen Haarkleidplatten sollen gestromt sein. Schwarze, mehr oder weniger große Tupfen (wie etwa beim Dalmatiner zu sehen) sind nicht erwünscht; entsprechende Hunde sind jedoch zur Zucht zugelassen. Allerdings dürfen die Dalmatiner- nicht mit Forellentupfen verwechselt werden; bei den Letztgenannten handelt es sich nicht

Diese drei Farben gibt es offiziell erst seit 1998: Es ist der fauvefarbene Bully (gleichmäßig Fauve mit begrenzter Scheckung), die Fauve-Schecke (gleichmäßiges Fauve mit überhandnehmender Scheckung) und der Bully mit der sehr hellen Grundfarbe Fauve.

Hier sehen Sie fünf verschiedene Schecken – und die Palette ist lange noch nicht vollständig, denn die Natur lässt sich bei jedem Exemplar etwas Neues und Einzigartiges einfallen. So findet jeder zukünftige Bully-Besitzer seinen Hund. Wichtig bei allen Varianten ist das schwarze Pigment an der Nase, den Lefzen und den Augen.

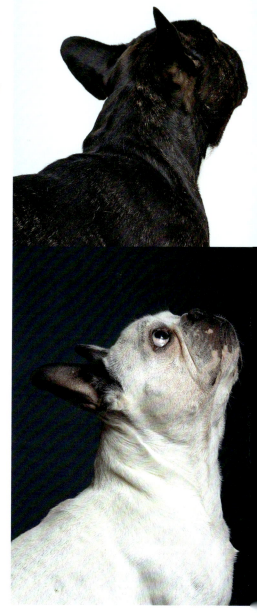

Bis zur Änderung des FCI-Standards 1998 waren in Deutschland nur diese beiden Farbvarianten zu Ausstellungen und zu Zucht- zwecken zugelassen: dunkel gestromt und Schecke (hier ein fast weißer Bully).

um eine Fellfärbung, sondern um dunkle Pig- mentflecken in der Haut.

Der weiße (white) Bully

Interessanterweise zählen auch die reinweißen Hunde zu den Schecken. Im Grunde sind diese Tiere in der Regel nämlich nicht, wie der An- schein vermuten lässt, rein weiß. Ihre hellen Platten sind nur sehr gut ausgeprägt. Die Au- genlider der weißen Bullys, ihr Nasenschwamm und die Lefzen sollten voll pigmentiert sein. Vor allem bei den weißen Bullys lassen sich pig- mentierte Stellen auf der Haut (Forellenflecken) deutlicher erkennen als bei dunkel gestromten Hunden. Im Gegensatz zu den unerwünschten Dalmatinerflecken ist dies aber kein Fehler. Bei Schecken und vor allem bei weißen Bullys sieht man beschmutzte Stellen im Fell schneller als bei dunklen. Damit das Haar auf Dauer schön hell bleibt, empfiehlt sich ein Shampoo für helle Hundehaare, wie es etwa auch für West- Highland-White-Terrier verwendet wird (auch gut: Pferdeshampoo speziell für Schimmel).

Der falbfarbene (fauve) Bully

Fauve, die Grundfarbe aller Bully-Farbschläge, ist auch eine eigenständige Farbe – dabei sind alle Schattierungen von Rot bis Milchkaffee zu- lässig. Die Nägel der Fauves sollten wie das Pig- ment von Augenlider, Nasenschwamm und Lef- ze vorzugsweise dunkel sein, die Maske sollte schwarz sein.

Die Fauve-Schecke (white and fawn)

Bei diesen Hunden überwiegt der Weißanteil ge- genüber der falben Grundfarbe. Die Haarkleid- platten sollten von gleichmäßigem Fauve sein. Die Nägel, sollten schwarz, Augenlider, Nasen- schwamm und Lefzen voll pigmentiert sein.

Fehlfarben

Es gibt bestimmte Hunderassen, bei denen die Fellfarbe mancher Tiere verdünnt und somit aufgehellt ist. Verantwortlich für die Farbver- dünnung ist das rezessive Verdünnungsgen (Di- lutions-Gen), das die Intensität der Fellfarbe steuert. Liegt es doppelt vor – also bei Hündin und Rüde – verklumpen sich die Pigmenteinla- gerungen in jedem einzelnen Haar und das Farbkleid wird heller. So wird zum Beispiel das Fell ursprünglich schwarzer Hunde bei entspre- chender Veranlagung »blau« oder »grau«, das brauner Hunde »lilac« oder »isabella«. Rotes verdünntes Fell wird als »apricot« bezeichnet, alle hellen Schattierungen werden verdünnt zu »cream«.

Gesundheitliche Folgen

Auch Bullys mit den Fehlfarben Blau und Cream tragen das Dilutions-Gen in sich. Sie sind weniger stark gebaut als ihre Artgenossen und wirken dadurch femininer, was dem Rasse- bild widerspricht. Sie leiden häufig an Haut- krankheiten wie Ekzemen und eitrigen Pickeln

Ein Bully wie ein Harlekin: Bei gestromtem Fauve mit überhandnehmender weißer Scheckung sollten die Augenlider, die im weißen Bereich liegen, gut pigmentiert sein.

Im Fachjargon wird dieser Hund wie folgt bezeichnet: Dunkel gestromt, nach dem Standard gleichmäßiges Fauve, gestromt mit begrenzter Scheckung (weißes Abzeichen an der Brust).

und haben Probleme mit dem Fell (zum Beispiel Schuppen und Haarausfall). Zudem ist ihr Immunsystem oft schwach, weshalb sie anfällig für Infektionskrankheiten sind.

Sorgfältige Auswahl der Zuchttiere

In Deutschland versucht man, Farbfehler durch gezielte Verpaarungen zu vermeiden und so die Tiere vor gesundheitlichen Schäden zu bewahren. Zum Glück lässt sich mithilfe der modernen Gentechnik im Zuge der Blutabnahme für die DNA-Bestimmung (Elternschaft und Erbmerkmale) sehr leicht feststellen, ob die Zuchttiere das rezessive Verdünnungsgen in sich tragen – und gewissenhafte Züchter machen von diesen neuen Möglichkeiten sehr gern Gebrauch.

Nur ein sehr erfahrener Züchter sollte Schecke mit Schecke verpaaren. Denn bei den Welpen aus einem solchen Wurf sind nicht nur oft die Augenlider, die Lefzen und der Nasenschwamm schlecht pigmentiert. Die Jungen können zudem taub geboren werden – ein Phänomen, das auch bei Dalmatinern sehr häufig vorkommt. Es ist daher ratsam, einen hellen Bully immer mit einer dunkel gestromten Französischen Bulldogge zu verpaaren. Auch die Verpaarung dunkelgestromt mit dunkelgestromt ist in der Regel unproblematisch.

Mausgraue, blaue, schokoladenbraune und schwarze Hunde mit braunen Abzeichen (black and tan) sind in den der FCI zugehörigen Vereinen nicht zur Zucht zugelassen. Dasselbe gilt für

Was der Laie »weißes Fell« nennen würde, ist nach Standard ein gestromtes Fauve mit überhandnehmender weißer Scheckung. Auch hier sollten die Augenlider möglichst pigmentiert sein.

Bei fauvefarbenen Bullys ist eine deutlich begrenzte schwarze Gesichtsmaske erwünscht. Auch die Nägel sollten bei diesem Farbschlag dunkel sein.

Französische Bulldoggen der Farbschläge blue-brindle (aus gestromt) und blue-pied (aus Schwarz-Weiß-Schecke).

Nicht zugelassene Farben
Bullys mit wollweiß bis champagnerfarbenem (cream) oder rein schwarzem Fell ohne jegliche Abzeichen gelten ebenfalls als Fehlfarben. Im Gegensatz zu der Fehlfarbe »blau« dürfen Hunde dieser Farbschläge in Deutschland jedoch auf Ausstellungen gezeigt werden.

Rassestandards in den USA
In den USA gilt ein anderer Rassestandard als in der FCI. Schon 1925 wurden die Farben wie folgt festgelegt: »Alle Farben sind zulässig – all

brindle (alle gestromten), fawn (Fauve), white (weiß) , brindle and white (Schecken) sowie jede andere Farbe, außer den nicht zugelassenen und nachfolgend beschriebenen.«
Zu den unerlaubten Farben zählen Black and Withe (Schwarzweiß), Black and Tan (schwarz mit braunen Abzeichen), Liver (schokoladenbraun), Mouse (mausgrau) oder Solid black (reinschwarz ohne jegliche Stromung). Wie in der FCI ist darüber hinaus auch die Zucht mit den blauen »Frenchies« verboten. Die Farbe Cream (eigentlich eine aufgehellte Fawn-Variante) ist in den USA zur Zucht zugelassen und wird auch bei Ausstellung im Showring vorgeführt. Oft finden sich in den Ahnentafeln importierter US-Hunde creamfarbene Vorfahren.

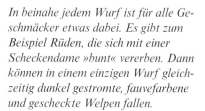

In beinahe jedem Wurf ist für alle Geschmäcker etwas dabei. Es gibt zum Beispiel Rüden, die sich mit einer Scheckendame »bunt« vererben. Dann können in einem einzigen Wurf gleichzeitig dunkel gestromte, fauvefarbene und gescheckte Welpen fallen.

Meist kann der Züchter zwar schon bei der Auswahl der Elterntiere die zukünftigen Farbvariationen erahnen. Aber wie so oft im Leben, kommt es zuweilen anders, als man denkt. Und so weiß man nie hundertprozentig, wie die Hundebabys, die nach rund 63 Tagen das Licht der Welt erblicken, tatsächlich aussehen werden. Nur eins lässt sich mit großer Sicherheit sagen: Rein dunkel gestromte Zuchtlinien gibt es nur noch sehr selten. Irgendwo findet sich zwischendrin fast immer auch ein gescheckter Bully.

UNSER BULLY

Bis aus dem tapsigen Welpen ein ausgewachsenes kleines Kraftpaket wird, vergehen viele Monate. In all dieser Zeit braucht die Französische Bulldogge Ihre volle Zuneigung und Liebe. Aber Sie können sich sicher sein: Sie bekommen alles zurück.

Ein Bully soll es sein

Sie haben sich gründlich über ein paar Rassen informiert und sind nach reiflicher Überlegung zum Schluss gekommen, dass eine knautschnasige Französische Bulldogge genau der richtige Hund für Sie wäre? Sie haben sich darauf eingestellt, Ihr Leben nicht nur für die nächsten Monate nach den Bedürfnissen eines kleinen Welpen auszurichten, sondern auch für viele Jahre Verantwortung zu übernehmen? Dann sind Sie bereit für Ihren Bully.

Bis der junge Hund jedoch tatsächlich bei Ihnen einzieht, ist noch einiges zu tun. Zunächst müssen Sie einen gewissenhaften Züchter finden, der einen Wurf plant. Und selbst wenn Sie wissen, an wen Sie sich wenden können, müssen Sie sich gedulden: Die Tragzeit bei Französischen Bulldoggen dauert wie bei allen Hunden rund zwei Monate und danach bleiben die Welpen erst einmal mindestens neun Wochen bei ihrer Mutter. Zum Glück ist es in dieser Zeit aber fast immer möglich, das neue Familienmitglied mehrmals zu besuchen und erste zarte Bande zu knüpfen.

So finden Sie einen gewissenhaften Züchter

Sicher ist es Ihr Wunsch als zukünftiger Hundehalter einen gesunden Welpen auszuwählen, der vom Charakter her gut zu Ihnen passt. Schließlich wird das Hundebaby als neues Familienmitglied nicht nur einen festen Platz in Ihrem Leben einnehmen, sondern Sie auch für lange Zeit begleiten.

Mit neugierigem Blick startet dieser Welpe in die Zukunft. Was wird ihn wohl in seinem neuen Zuhause erwarten?

Die meisten Züchter lieben ihre Hunde und betreuen sie äußerst verantwortungsvoll. Es gibt jedoch vor allem bei Hunderassen, die einen jähen Trend erleben, oft auch Menschen und Hundehändler, die mit nicht registrierten Hunden Geschäfte machen wollen. Bevor Sie eine Französische Bulldogge erwerben, sollten Sie daher kritisch prüfen, ob die bei seriösen Züchtern verbindlichen Voraussetzungen erfüllt sind. Grundsätzlich sollten Sie immer darauf achten, dass die angebotenen Welpen Zuchtpapiere haben. Nur so ist auch gewährleistet, dass die Gesundheit der vorhergehenden Generationen und der Nachkommen verfolgt werden kann. Ab-

stand von einem Kauf sollten Sie in jedem Fall in folgenden Situationen nehmen:

• Spontankäufe ohne vorheriges Kennenlernen: Bei angesehenen Züchtern sind die Wartelisten auf einen Welpen oft lang, außerdem werden sich gewissenhafte Verkäufer vor der Abgabe der Welpen ein Bild von den neuen Besitzern und den Haltungsbedingungen machen wollen. Ein Züchter der keinerlei Interesse am Verbleib seiner Hunde hat, wird auch den Tieren nur in den seltensten Fällen die notwendige Aufmerksamkeit schenken, hier geht es in erster Linie um das schnelle Geld.

• Die Mutterhündin ist nicht vor Ort: In den seltensten Fällen werden Sie bei einem Züchter beide Elterntiere vorfinden. Alleine um die Gesundheit der Nachkommen zu gewährleisten, stammen die Rüden aus anderen Zuchtlinien. Die Hündinnen reisen lediglich zum Deckakt an. Etwas anderes ist es bei der Welpenmutter – diese muss auf jeden Fall im selben Haushalt leben wie die Welpen. Lassen Sie sich die Hündin immer zeigen und achten Sie dabei darauf, wie sie mit den Welpen umgeht: Machen alle einen vertrauten Eindruck? Sind Mutter und Welpen gut genährt? Hat die Hündin ein Gesäuge, das auf eine kürzliche Geburt schließen lässt?

• Unbekannte Zuchtpapiere: Sind Sie unsicher in Bezug auf die vorgelegten Papiere, sollten Sie sich auf jeden Fall die Zeit nehmen, gründlich zu recherchieren. Ein gewissenhafter Züchter sollte kein Problem damit haben, wenn Sie sich

Die Zeit mit der Mutter ist fast schon um. Dieser Welpe ist alt genug, seine eigenen Wege zu gehen.

zunächst über seinen Verein erkundigen möchten. Er hat nichts zu verbergen – im Gegenteil.

• Zu hoher oder niedriger Welpenpreis: Die Aufzucht eines Wurfs junger Hunde ist immer mit einem gehörigen Arbeitsaufwand und hohen Kosten verbunden. Das reicht von der Decktaxe für den Rüden bis hin zur regelmäßigen tierärztlichen Versorgung der trächtigen, später säugenden Hündin und der Welpen. Hundebabys, die man Ihnen billig und unter Wert anbietet, mangelt es meistens schon an der Grundversorgung. Allerdings sollten Sie auch bei zu teuren Tieren lieber vom Kauf absehen. Schließlich sollte bei der Hundezucht immer die gesunde Erhaltung einer Rasse im Vordergrund stehen und nicht der Profit. Weder eine bestimmte Fellfarbe noch der Stammbaum rechtfertigt einen zu hohen Kaufpreis. Orientierung über einen angemessenen Preis geben die Homepages der anerkannten Zuchtvereine (→ Service, Seite 142).

• Welpen vieler unterschiedlicher Rassen oder überdurchschnittlich viele Hunde einer Rasse: Wie bereits erwähnt ist die sorgfältige Aufzucht von jungen Hunden eine zeit- und kostenintensive Angelegenheit. Bietet ein Züchter viele unterschiedliche Hunderassen oder zu viele Würfe einer Rasse an, ist das oft ein Zeichen dafür, dass es ihm nur um den Verkauf geht. Ein weiteres Manko: Je mehr Rassen ein Züchter anbietet, desto geringer ist die Wahrscheinlichkeit, dass er tatsächlich über das notwendige Fachwissen zu den Tieren verfügt.

Hand drauf – ich komme von einem guten Züchter.

Erste Anlaufstelle: der VDH

Als (potenzieller) Welpenkäufer sind Sie in jedem Fall gut beraten, wenn Sie sich über den Verein für das deutsche Hundewesen (VDH) informieren oder eine autorisierte VDH-Hundeausstellung besuchen. Auf nationalen und internationalen Shows (Ausstellungstermine erfahren Sie im Internet; Adressen → Seite 142) sind neben registrierten Züchtern auch viele Liebhaber der Rasse anwesend. Hier können Sie bedenkenlos erste Kontakte knüpfen und Fragen stellen. Ein ordentlicher Züchter wird Sie in aller Regel schon vor Ort umfangreich über die Rasse aufklären und Sie gern zu sich nach Hause einladen. Nehmen Sie sich Zeit für dieses Gespräch und vereinbaren Sie einen Termin, um die Hunde in ihrem Umfeld besser kennenzulernen. Schauen Sie sich am besten verschiedene Zuchtstätten an, bevor Sie sich für »Ihren« Züchter entscheiden. Der Ausstellungskatalog, den Sie auf VDH-Hundeausstellungen erhalten, verschafft Ihnen ebenfalls einen Überblick über die präsentierten Tiere, Züchter und Aussteller – samt deren Erfolgen und Adressen.

Der Internationale Klub für Französische Bulldoggen (IKFB) verfügt über eine 100-jährige Erfahrung sowie umfangreiche Aufzeichnungen zu Zucht und Zuchtgeschehen. Dieses Wissen ist für die Rasse einmalig und sehr kostbar. Nutzen Sie es. Umso mehr Sie sich selbst im Vorfeld informieren, umso sicherer sind Sie später bei Auswahl von Zuchtstätte und Hund.

Besuch beim Züchter

Nachdem Sie sich informiert, erste Kontakte geknüpft und Kataloge gewälzt haben, steht endlich der ersehnte Besuch beim Bully-Züchter an. Hier dürfen und sollten Sie sich wirklich Zeit nehmen – stellen Sie viele Fragen und sehen Sie sich genau um. In der Regel sind Besuche von Welpeninteressenten für den Züchter nicht nur Alltag, sondern auch eine wahre Freude. Er wird Sie daher professionell durch den Tag führen. Zunächst wird er Sie in den meisten Fällen erst einmal ausführlich über die Rasse im Allgemeinen und seinen Zwinger im Speziellen informieren. Er wird Ihnen:

- … alle seine Hunde zeigen und keine Hunde wegsperren – und wenn doch wird er Ihnen sagen, warum.
- … unaufgefordert alle Unterlagen zu den Zuchttieren zeigen (zum Beispiel Ahnentafeln, Ergebnisse der Zuchttauglichkeitsprüfung).
- … das Zwingerbuch (Tagebuch zu den einzelnen Würfen) mit allen Einzelheiten des Wurfes und des Zuchtgeschehens zeigen.
- … nahelegen, den Welpen, den Sie sich ausgesucht haben, öfter zu besuchen, um ihn kennenzulernen.

Haben Sie trotzdem ein waches Auge und achten Sie vor allem darauf:

- … welche Zuchterfolge der Züchter bereits errungen hat.
- … wie die Zuchtstätte aussieht. Ist sie sauber und gepflegt?

Ein gewissenhafter Züchter hat meist auch noch die Oma oder Uroma der Welpen bei sich. Manchmal hängt sein Herz auch an ganz besonderen »Sorgenkindern«, von denen er sich nie trennen würde.

- … ob Ihnen die Hunde vom Züchter rein optisch gefallen. Denn natürlich spielt das Aussehen eine Rolle und Ihre Französische Bulldogge soll Ihnen auch gefallen.
- … ob alle Hunde in einem guten, gesunden Zustand sind (sind zum Beispiel alle erforderlichen Impfungen im Impfausweis eingetragen und die Hunde gechipt?).
- … ob alle Hunde freundlich und Besuchern gegenüber weder ängstlich noch aggressiv sind.
- … ob die Hundemutter rund um die Uhr bei ihren Welpen ist.
- … ob auch der Welpenvater beim Züchter lebt. Ist dies nicht der Fall, wird ein guter Züchter bereitwillig Auskunft geben, wo der Deckrüde lebt. So können Sie auch mit seinem Besitzer einen Termin vereinbaren, um den anderen Zweig der Familie kennenzulernen.
- … ob man höchstens zwei verschiedene Rassen züchtet.
- … ob die Welpen genügend Spielmöglichkeiten haben (es fördert die Sozialkompetenz, wenn die Welpen schon im Kindesalter viele Sachen kennenlernen).

Im Laufe des Gesprächs haben Sie auch die Möglichkeit, nach Büchern und Literatur über die Französische Bulldogge zu fragen. Vielleicht erhalten Sie vorab sogar einen Vertragsentwurf, für den Fall, dass Sie zu einem späteren Zeitpunkt tatsächlich einen Welpen kaufen wollen. Einen Vertrag beim Hundekauf abzuschließen ist ein völlig korrektes Prozedere und sollte in

Gute Züchter besitzen eine Liste mit all jenen Interessenten, die gerne einen Welpen aus Ihrem Zwinger hätten. Lassen Sie sich daher, sobald Sie sich entschieden haben, auf die Warteliste setzen, um Ihre Welpenwahl vor anderen potentiellen Käufern zu sichern.

jedem Fall stattfinden. Der Standardvertrag beinhaltet neben den allgemeinen Kaufbedingungen – zum Beispiel bestätigt der Verkäufer darin, dass der Welpe aus eigener Zucht stammt, sorgsam und gewissenhaft aufgezogen und vom zuständigen Zuchtwart abgenommen wurde – meist ein Weitergabeverbot. Das bedeutet, Sie können den Hund nicht ohne Einverständnis des Züchters weiterverkaufen oder verschenken. Viele Züchter behalten sich darüber hinaus auch ein Rückkaufrecht vor. Träte tatsächlich der Fall ein, dass Sie den Hund nicht mehr bei sich behalten können, hat der Züchter das Recht, ihn zurückzukaufen; er muss daher als Erster über den geplanten Besitzerwechsel informiert werden. Viele Hundezüchter haben aber auch eigene, ihren Bedürfnissen angepasste Verträge. Lesen Sie daher den Vertrag in Ruhe zu Hause durch und wägen Sie ab, ob Sie mit den darin aufgeführten Punkten einverstanden sind.

Fragen an den zukünftigen Hundehalter
Kein ordentlicher Züchter verkauft seine Bullys am Telefon oder diskutiert über Preis, Ratenzahlung oder Ähnliches. Neben den vielen Informationen, die er über sich und seine Hunde preisgibt, wird er daher mit Sicherheit ebenso viele Fragen an Sie richten. Schließlich möchte er für seine sorgsam aufgezogenen Welpen auch wirklich den besten, artgerechtesten und liebevollsten Platz finden. In dem Moment, in dem er Ihnen einen Welpen anvertraut, hofft er dar-

auf, dass das kleine Wesen auch bis zu seinem Lebensende bei Ihnen bleiben darf. Er verlässt sich darauf, dass Sie den Hund nicht aus einer plötzlichen Laune heraus kaufen, sondern sich viele Jahre liebevoll um ihn kümmern werden. Auch wenn es ungewohnt ist, so viele Fragen zu beantworten: Bleiben Sie dem Züchter gegenüber sachlich und ehrlich; er will Sie schließlich nicht ausspionieren, sondern sich nur ein Bild machen, wo und wie sein Hündchen in Zukunft leben soll. Er wird wahrscheinlich fragen:
- … ob Sie schon Kenntnisse zur Rasse vorweisen können?
- … warum Sie sich ausgerechnet in eine Französische Bulldogge verliebt haben?
- … welche Lebensgewohnheiten Sie haben?
- … wie Sie wohnen und ob Vermieter beziehungsweise Hausordnung die Hundehaltung überhaupt erlauben; unter Umständen möchte er sogar eine entsprechende Bestätigung sehen (→ dazu auch das neue Mietrecht über Tierhaltung).
- … ob Sie genügend Zeit für den Hund haben?
- … wie viele Stunden Ihr Hund in Zukunft jeden Tag allein zu Hause bleiben muss, wenn Sie berufstätig sind?
- … ob alle Familienmitglieder sich für eine Französische Bulldogge entschieden haben?
- … ob ein Familienmitglied unter Allergien leidet (beispielsweise Tierhaarallergie)?
- … ob Sie den Unterhalt auch auf lange Sicht bestreiten können; Tierarztkosten, Versiche-

rungen und Futter können sehr kostspielig
sein und werden.

- … ob Sie den Hund auf Reisen mitnehmen
können oder ob er gut versorgt ist, wenn Sie
unterwegs sind?
- … ob Sie genug Zeit, Lust und Ausdauer haben, sich ein Hundeleben lang um das neue
Familienmitglied zu kümmern?

Was kostet eine Französische Bulldogge?
Ein ordentlicher Züchter verlangt für eine Französische Bulldogge zwischen 1.400,– und 1.600,–
Euro. Dabei spielt es keine Rolle, für welchen
Farbschlag Sie sich entscheiden. Lassen Sie sich
nicht darauf ein, wenn man Ihnen erzählt, es
handle sich um ein Tier mit einer sehr seltenen

Farbe, weshalb der Preis entsprechend hoch sei.
Schauen Sie sich in so einem Fall besser nach einem anderen Züchter um.
Der Preis ist auch keine Verhandlungssache. Ein
seriöser Züchter hat ausschließlich Festpreise
und gesteht auch keine Ratenzahlungen oder
Ähnliches zu. Schließlich kostet ihn allein eine
gesunde Hündin im Schnitt 1.500,– Euro. Dazu
kommen sämtliche Kosten für die Ausstattung
der Zuchtstätte, die reguläre Zwingerabnahme,
Zuchttauglichkeitsprüfungen mit allen dazuge-
hörigen Untersuchungen, regelmäßige Tierarzt-
besuche und artgerechtes Futter – im Nu sind
so mehrere Tausend Euro zusammengekom-
men, bevor überhaupt auch nur ein einziger
Welpe das Licht der Welt erblickt hat.

Bullys sind treue Familienhunde, die auch mit Kindern sehr gut auskommen.

Endlich Nachwuchs

Haben Sie endlich den passenden Züchter gefunden, können Sie es vermutlich kaum noch erwarten, bis Ihr Hund das Licht der Welt erblicken darf. Während man früher lange auf erste unscharfe Fotos warten musste, ermöglicht es die moderne Technik heute oftmals, das neue Familienmitglied schon wenige Stunden nach der Geburt das erste Mal zu bestaunen. Genauso bieten viele Züchter mittlerweile die Möglichkeit, via Internet mitzuverfolgen, wie die Welpen von Tag zu Tag größer werden und an Gewicht zunehmen. Vermutlich entdecken Sie auf diesen ersten Bildern schon Ihren persönlichen Favoriten. Und wenn der Züchter nicht ausgerechnet dieses Kerlchen selbst behalten will, werden Sie Ihren Wunschkandidaten auch mit großer Wahrscheinlichkeit bekommen. Nach vier Wochen Quarantäne, die nötig sind, um die Welpen vor Infektionen und Ansteckungen zu schützen, ist es dann endlich so weit: Das lange Warten ist vorbei. Sie sitzen vor der Wurfkiste und können Ihren neuen Mitbewohner das erste Mal in den Armen halten. Dieses Erlebnis werden Sie mit Sicherheit nicht so schnell vergessen – vor allem Kinder behalten die winzigen Hundebabys oft ihr Leben lang in Erinnerung. Die meisten stolzen Neu-Hundebesitzer besuchen ihren Welpen in den folgenden Wochen noch mindestens einmal, ehe sie ihn frühestens nach Vollendung der neunten Lebenswoche mit nach Hause nehmen können.

Die letzten Wochen beim Züchter

Kurz bevor die Welpen in ihr neues Zuhause ziehen, sind mit acht Wochen die ersten Impfungen fällig (→ Seite 124/125). Gleichzeitig werden die Hunde gechipt. Dazu implantiert der Tierazt ihnen einen digitalen Mikrochip mit einer einzigartigen Nummer in die linke Halsseite. Sollte ein Hund einmal entlaufen, fällt es anhand des gespeicherten Abstammungsnachweises leichter, ihn zu seinem Besitzer zurückzubringen. Zudem ist die Chipregistrierung in vielen Ländern Pflicht – und daher nötig, wenn Sie mit dem Hund später auf Reisen gehen wollen. Bitte erkundigen Sie sich daher beim Verkäufer, ob er den Welpen schon in einer internationalen Datenbank registrieren hat lassen oder ob Sie sich selbst noch darum kümmern müssen (Adressen → Seite 142).

Nach Vollendung der neunten Lebenswoche besichtigt der Zuchtwart ein letztes Mal die kleinen Bullys, um die Aufzucht nochmals zu kontrollieren und um jeden Welpen genau in einem Formular zu beschreiben: Er hält zum Beispiel fest, wie sich der Kiefer des Welpen entwickelt hat (etwa knapper Vorbiss) und wo die Rute ansetzt. Welche Farbe haben die Tiere? Welche Abzeichen? Sind bei den kleinen Rüden beide Hoden vorhanden? Alle Beobachtungen werden in das Wurfprotokoll aufgenommen – ebenso wie der offizielle Name der Welpen und des Zwingers sowie die Chipnummer. Sobald der Zuchtwart bei der Zuchtleitung den Antrag

Nach einer letzten Abnahme durch den Zuchtwart können die Welpen nach Vollendung der neunten Woche zu ihren neuen Familien umziehen.

zur Erstellung der Ahnentafel befürwortet und das Wurfprotokoll übersendet hat, werden die Ahnentafeln vom Zuchtbuchamt erstellt. Meist dauert es vier bis fünf Wochen, ehe sie beim Züchter eintreffen. Dieser überprüft in der Regel noch einmal, ob sich irgendwo ein Fehler eingeschlichen hat und leitet die Ahnentafeln dann an die neuen Besitzer weiter. Sie können nun unter anderem über vier Generationen zurückverfolgen, von wem ihr Bully abstammt. Das Allerwichtigste ist natürlich die erste Seite: Hier befindet sich das Klub-Logo, der VDH/FCI-Hinweis sowie die Zuchtbuchnummer, die der Hund sein Leben lang behält.

Ein Welpe wird geboren

Als zukünftiger Hundebesitzer wünscht man sich sehr, seinen Welpen von der ersten Lebensminute an begleiten zu können. Die verantwortungsvolle Aufgabe der Betreuung liegt allerdings in den erfahrenen Händen des Züchters. Die Zeit der Geburt und Aufzucht der Welpen ist für alle Beteiligten sehr anstrengend und verlangt ein hohes Maß an Konzentration und Fachwissen. Hier erhalten Sie einen Einblick in diese spannende Lebensphase.

In den ersten neun Wochen wachsen die winzigen Neugeborenen, die zunächst kaum größer sind als eine Hand, zu drolligen Welpen heran. Immer neugieriger erkunden sie die nähere Umgebung, lernen, festes Futter zu sich zu nehmen, und sind mit etwas Glück sogar fast schon stubenrein, wenn Sie schließlich ins neue Zuhause wechseln.

Trächtigkeit bei Französischen Bulldoggen

Nach rund 63 Tagen Tragzeit erblicken die kleinen Bullys das Licht der Welt. Nicht immer geschieht das auf natürliche Art, manchmal bedarf es der Unterstützung des Tierarztes.

Eine Hand voll Hund: Noch können die großen Augen nicht sehr gut sehen, doch zum Glück weist der ausgeprägte Geruchssinn den Weg zu Mutters Zitzen.

Die Zeit von der Verpaarung bis zur Geburt der Welpen vergeht wie im Fluge – bis der Züchter rund 14 Tage vor dem errechneten Wurftermin in einem ruhigen Zimmer die Wurfbox vorbereitet. Dort werden die Welpen auf die Welt kommen und mit ihrer Mutter die ersten Wochen verbringen. Bis es so weit ist, kann die Hündin sich die Lagerstätte in aller Ruhe ansehen und Probe liegen – gebettet auf saugfähigen Unterlagen (Molton-Einlagen) und weichen Decken. Viele Vorbereitungen müssen getroffen und alle möglichen Dinge angeschafft werden. Fieberthermometer, Gummihandschuhe, Desinfektionsmittel, Vaseline sowie zahlreiche Handtücher

und Papiertücher sollten zur Verfügung stehen. Genauso wichtig ist ein »Kreislaufmittel« für die Hündin, wenn die Geburt zu anstrengend wird. Die meisten Züchter verabreichen zu diesem Zwecke einen Teelöffel Kaffee.

Die Tage vor der Geburt

In der Zeit der Trächtigkeit wird die Hündin in aller Regel in der fünften oder sechsten Woche nach dem Deckakt mit Ultraschall untersucht, um festzustellen, ob sie tragend ist. Drei bis vier Tage vor dem errechneten Geburtstermin wird die Hündin geröntgt. So weiß der Züchter bei einer natürlichen Geburt, dass auch wirklich alle Welpen das Licht der Welt erblickt haben. Etwa zehn Tage vor dem errechneten Geburtstermin misst der Züchter täglich zur gleichen Zeit die Temperatur der Hündin; sinkt sie um 1 °C unter den Normalwert von 38 °C und bleibt dies über 8 bis 24 Stunden so, setzen in der Regel innerhalb der nächsten 12 Stunden die Wehen ein. Die Hündin frisst nicht mehr, sondern trinkt nur noch. Sie hechelt, ist unruhig und scharrt in den Decken und Kissen der Wurfkiste. Immer wieder sucht sie sich eine neue Ecke als Ruheplatz oder läuft planlos durch das Zimmer. All diese Anzeichen sind normal und gehören zum Geburtsvorgang; die Hündin sollte jetzt nicht mehr alleine sein. Manche Züchter versuchen, die Geburt mit Himbeerblättertee oder Homöopathika (Pulsatilla D12) voranzutreiben. Auch ein kurzer Spaziergang an der Leine hilft dabei.

Die Geburt der Welpen

Mit dem Einsetzen der Wehen beginnt die Eröffnungsphase, die bis zu zwölf Stunden dauert. In dieser Zeit öffnet sich der Muttermund immer mehr, weil die Welpen dagegen drücken. Die Austreibungsphase setzt ein, sobald ein Welpe in den Geburtskanal eintritt. Die Fruchthülle platzt, das Fruchtwasser dient nun als »Gleitmittel«; es sollte klar sein und nicht übel riechen. Das Bauchpressen verstärkt sich. Die meisten Hundebabys werden mit dem Kopf voran geboren. Damit der Welpe gut durch den Geburtskanal passt, zeigt seine Wirbelsäule idealerweise nach oben. Ist er zu groß oder liegt er in der Steißlage, muss der Tierarzt helfen – ein Kaiserschnitt lässt sich dann nicht vermeiden.

Der Veterinär wird auch zu Rate gezogen, wenn übel riechendes, braungrünes Fruchtwasser austritt, mehr als drei Stunden nach dem Abgang des Fruchtwassers noch kein Junges geboren wurde oder die Ruhephase zwischen zwei Welpen mehr als drei Stunden beträgt. In beiden Fällen liegt der Verdacht nahe, dass ein Hundebaby im Geburtskanal feststeckt oder andere Komplikationen aufgetreten sind.
Wie lange sich die Geburt hinzieht, hängt vor allem von der Konstitution der Hündin und unter anderem von der Anzahl der Welpen ab. Der Züchter wird seiner Hündin die ganze Zeit über Hilfestellung leisten (indem er zum Beispiel die Welpen abnabelt). Die frischgebackene Hundemama beleckt die Jungen ausgiebig. Sie regt auf

Mitunter dauert es mehrere Stunden, bis alle kleinen Bullys das Licht der Welt erblickt haben. Kein Wunder, dass die Welpen nach den Strapazen der Geburt erst einmal Hunger haben.

Das Schlappohr ist kein »Schönheitsfehler«. Die charakteristischen Fledermausohren richten sich beim einen Welpen nur einfach etwas früher auf, beim anderen ein bisschen später.

Was mich da draußen wohl erwartet? Noch ist der Welpe auf die Fürsorge seiner Mutter und des Züchters angewiesen. Doch schon bald wird er neugierig die Welt erobern.

diese Weise ihren Kreislauf an und entfernt zugleich Rückstände der Fruchtblase und Blut. Mussten die Welpen per Kaiserschnitt entbunden werden, übernehmen Tierarzthelfer und Züchter die Erstversorgung: Sie befreien die Luftwege der frisch entbundenen Hündchen von Fruchtwasser oder Schleim, rubbeln sie mit einem Frotteetuch trocken und betten sie unter einer Rotlichtlampe auf ein weiches Lager. Währenddessen versorgt der Tierarzt die Hundemama. Sobald sie aus der Narkose erwacht ist, werden die Welpen dann das erste Mal angelegt, damit sie die ersten Schlückchen Milch zu sich nehmen. Dabei muss der Züchter den Welpen übrigens auch dann helfen, wenn sie auf natürlichem Wege geboren wurden.

Die Welpen sind da

Sobald der Wurf mit dem Milchsaugen fertig ist, betrachtet der Züchter jeden einzelnen der Welpen in aller Ruhe, untersucht ihn auf Missbildungen (beispielsweise Wolfsrachen, Hasenscharten, verkrüppelte Gliedmaßen) und fertigt ein Wurfprotokoll an, in dem er Geburtszeit, Gewicht und Fellabzeichen einträgt. Die Aufzeichnungen muss er dem zuständigen Zuchtwart vorlegen, ebenso wie alle weiteren Protokolle, die er in den nächsten Wochen anfertigen wird. Täglich wird das Gewicht der Welpen notiert; nimmt ein Hündchen ab, muss unbedingt ein Tierarzt zu Rate gezogen werden, um die Ursache für den Gewichtsverlust herauszufinden. Denn ein gesunder Welpe verliert kein

Wenn man klein ist, kostet jede Bewegung unendlich viel Kraft. Nach all der Anstrengung muss das Hundebaby auch mal genüsslich alle winzigen Viere von sich strecken dürfen.

Gewicht. Im Gegenteil, er nimmt Tag für Tag ein bisschen mehr zu, fühlt sich fest und straff an. In das Wurfprotokoll werden im Verlauf der Aufzucht sämtliche Besonderheiten der einzelnen Welpen notiert, außerdem zum Beispiel der Termin für die erste Wurmkur oder Impfung, der Tag, an dem die Welpen ihre Äuglein öffnen oder der Zeitpunkt, an dem sie das erste Mal ein Öhrchen aufstellen. All diese Dinge müssen – so banal sie auch klingen mögen – schriftlich festgehalten werden.

Die winzigen Welpen brauchen ab der ersten Minute fürsorglichste Pflege – und nicht wenige besorgte Züchter schlafen in den ersten Wochen auf einer Luftmatratze oder Gartenliege direkt neben der Wurfkiste. Denn wie alle Hundewelpen sind auch kleine Bullys zum Zeitpunkt der Geburt völlig unreif und unselbstständig. Die Sinnesorgane (Augen, Ohren, Nase) sind noch nicht ausgeprägt. Und die Hundemama muss die Bäuchlein der Welpen nach dem Säugen stets ausgiebig belecken, um das Absetzen von Urin und Kot zu fördern.

In den ersten Lebenswochen legt der Züchter die Kleinen alle zwei Stunden an die Zitzen der Mutter, um sicherzugehen, dass jeder Welpe genügend Milch bekommt. Gerade Erstlingsmamas müssen dabei noch lernen, ruhig liegen zu bleiben, damit sich alle Welpen ausgiebig satt trinken können. Der Züchter hat nicht nur ein

Damit das Ohr schneller stehen bleibt, legen viele Züchter eine kleine Papiermanschette um die Ohrmuschel des Welpens. Das Ohr komplett zu verkleben oder ein kleines Stäbchen hineinzulegen, wie es früher üblich war, wird heute nicht mehr praktiziert, weil sich die Ohren dadurch leicht entzünden.

Die kleinen Welpen trommeln beim Nuckeln mit ihren Pfötchen fleißig und teilweise sehr energisch gegen die Brust der Mama (Milchtritt), um den Milchfluss positiv zu beeinflussen. Dabei saugen sie sich regelrecht an der Zitze fest. Daher müssen die schnell wachsenden und spitzen Nägel der Winzlinge regelmäßig geschnitten werden, um die Mama beim Säugen nicht zu verletzen. Wenn der Welpe richtig nuckelt und Sie ihn wegziehen, lässt sich ein blubberndes Geräusch vernehmen.

waches Auge darauf, dass der kleinste Welpe immer die beste Milchquelle bekommt; schließlich soll jeder aufs Beste wachsen und gedeihen. Der Züchter schaut auch, dass die Zitzen gleichmäßig abgesaugt werden, damit es nicht zu einem gefährlichen Milchstau und gar zu einer Gesäugeentzündung bei der Mutterhündin kommt. Die junge Welpen versuchen aber auch selbst, die Zitzen ihrer Mutter zu finden. Dazu pendeln sie ihre kleinen Köpfe hin und her, um den Weg zur Milchquelle zu finden.

Die ersten neun Wochen

• Die ersten beiden Lebenswochen werden in der Fachsprache auch als neonatale oder vegetative Phase bezeichnet. Noch sind die Welpen völlig hilflos und wenig aktiv. Aber sie wachsen – und das ganz gewaltig. Innerhalb der ersten 14 Tage verdreifacht sich ihr Geburtsgewicht (manchmal sogar noch mehr).

• Nach etwa zwei Wochen beginnen dann endlich die Sinnesorgane richtig zu arbeiten. Die Welpen öffnen erstmals die Augen und die Gehörgänge. Ebenfalls ab der dritten Lebenswoche nimmt der Welpe seine Geschwisterchen wahr. Der Hundenachwuchs schläft jetzt schon deutlich weniger und robbt fleißig durch die Wurfkiste. Jetzt ist es Zeit für die Bully-Mama, mit der »Erziehung« ihrer Kleinen zu beginnen. Gegen Ende der dritten Lebenswoche sind alle Sinne voll ausgebildet. Bis zu diesem Termin hat auch der Zuchtwart das erste Mal den Wurf besichtigt, um sich ein Bild von

der Zuchtstätte zu machen und den Gesundheitszustand der Welpen und der Mutter zu beurteilen. Ab jetzt können die Welpen auch das erste Mal rohes Rindertatar fressen – in erbsengroßen Portionen von der Fingerspitze des Züchters. Haben sie erst einmal Geschmack an diesem Leckerbissen gefunden, beginnen sie nach kürzester Zeit, aus einer kleinen flachen Schüssel zu fressen. Nun muss immer auch ein Tellerchen mit frischem Wasser oder leichtem Kamillen-Fenchel-Tee in der Wurfkiste stehen.

• Ab der vierten Woche füttern viele Züchter zusätzlich zur Muttermilch etwas Babynahrung, Joghurt oder Hüttenkäse – meist vermischt mit Bisquitbröseln. Bully-Welpen lieben solche Leckerbissen. Nach und nach werden die Jungen nun mit handelsüblicher Welpenkost angefüttert.

• Zwischen der vierten und fünften Lebenswoche bahnen sich die ersten Milchzähnchen ihren Weg durch den Kiefer und die Ohren der Bullys fangen an zu stehen. Im Regelfall passiert dies nicht bei beiden Ohren gleichzeitig, sondern nacheinander. Zwischendurch hängen dann wieder beide Ohren nach unten, was mit ihrem Wachstum zu tun hat. Auch während des Zahnwechsels können die Ohren kurzzeitig wieder nach unten hängen; sie richten sich aber bald wieder ganz von alleine auf.

Die Welpen dürfen jetzt bei warmem und schönem Wetter schon für kurze Zeit zum Spielen in den Garten. Denn frische Luft tut auch jungen Hunden gut. Und endlich können auch die zu-

Optisch gleichen sich die Welpen zwar noch sehr – fast wie ein Ei dem anderen. Doch schon jetzt hat jedes Hündchen seine ganz eigene Persönlichkeit.

künftigen Besitzer das erste Mal ihr neues Familienmitglied besuchen. Ein wunderbarer Moment für alle.

• Mit sechs bis sieben Wochen werden die Jungen endgültig von der Muttermilch abgesetzt – nicht zuletzt, weil die Hündin bereits ab und an gereizt reagiert, wenn schon wieder ein Welpe an ihr nuckeln will. Wegen der spitzen Welpenzähnchen geht das nämlich für die Mutter nicht immer schmerzfrei vonstatten.

Ein verantwortungsbewusster Züchter beginnt nun auch mit den Erziehungsmaßnahmen zur Stubenreinheit. Er setzt die Welpen nach dem Füttern auf einen bestimmten Platz, damit sie sich lösen können. Nachdem sie ihr Geschäftchen verrichtet haben, werden die Kleinen überschwänglich gelobt und gestreichelt, anschließend folgt ein Verdauungsschläfchen.

• Mit acht Wochen sind die ersten Impfungen fällig und die Welpen werden vom Tierarzt gechipt (→ Seite 57). Der Veterinär wird bei dieser Gelegenheit jeden Welpen genau ansehen und untersuchen – er macht das ganz behutsam und liebevoll, damit der Hund später keine Angst vor dem Tierarzt hat.

• Nach Vollendung der neunten Woche – der Zuchtwart hat die Welpen ein letztes Mal in einem Protokoll beschrieben und wird für jeden eine eigene Ahnentafel beantragen (→ ebenfalls Seite 57) – beginnt dann der nächste aufregende Schritt im Leben einer jungen Bulldogge: der Umzug ins neue Zuhause.

Meine Geschichte

Im Jahre 1973 klingelte es an der Wohnungstüre von Barbara Pallasky. Ein junger Mann wollte ein Illustrierten-Abonnement verkaufen. Zu seinen Füßen saß eine wie es schien bizarre Mischung aus Hund, Hase und Katze. Zwar kannte Barbara Pallasky die Rasse nicht, aber sie war sofort fasziniert von dem kleinen, seltsamen Tier – auch wenn sie noch nicht wusste, dass es ihr Leben für immer verändern würde.

Seit mehr als 35 Jahren begleiten und teilen Französische Bulldoggen das Leben von Barbara Pallasky und ihrer Familie. Jede einzelne von ihnen wurde und wird von Herzen geliebt.

»Als dieser Mann damals mit seinem seltsamen Begleiter vor unserer Haustür stand, kamen wir schnell ins Gespräch – über Hunde im Allgemeinen und über Französische Bulldoggen im Besonderen. Denn das war sie: die erste Französische Bulldogge meines Lebens. Und als wir uns verabschiedet hatten, besaß ich nicht nur ein neues Zeitschriftenabonnement, sondern auch die Adresse eines Bully-Züchters. Doch es sollte noch eine ganze Weile dauern, bis aus dieser ersten Begegnung der Beginn einer großen, bis heute andauernden Liebe wurde.

Als viele Jahre später meine Mutter schwer erkrankte, wünschte sie sich sehnlichst einen kleinen Hund, der sie von trüben Gedanken ablenken, Hoffnung machen und Freude schenken sollte. Und da war sie wieder: die Erinnerung an die Französische Bulldogge. Nachdem sich der Züchter, den mir »mein« Zeitungsverkäufer einst genannt hatte, als relativ unseriös erwiesen hatte, nahm ich Kontakt zum IKFB auf. Die Welpenvermittlung hielt eine freudige Überraschung bereit. Ganz in unserer Nähe lag ein Wurf Bullys, und eine dunkelgestromte Hündin war noch frei. Und so zog 1975 Chanel von Senilla bei meiner Mutter ein. Sie entwickelt sich zu einer gesunden unkomplizierten und kräftigen Hündin und machte meiner Mutter das Leben um vieles leichter und schöner.

Der Gedanke, selbst Französische Bulldoggen zu züchten, entstand aus dem Wunsch, meinen Kindern zu zeigen, wie Zeugung, Schwangerschaft und Geburt in der Praxis funktionierten. Ich begann also, mich intensiver mit dieser Rasse zu beschäftigen, informierte mich über die Geburt bei Hunden, Rassehundeklubs, Dachverband und Zuchtbestimmungen, Ahnentafeln und vieles andere mehr. Zugegeben: Ich hatte mir das Ganze viel einfacher vorgestellt. Aber Neugier und Interesse waren geweckt.

Eine meiner Bekannten züchtete Irish Setter. Bei ihr erlebte ich meine erste Hundegeburt – sehr einfach und problemlos. Wir sahen nur zu und zählten die Welpen. In dem festen Glauben, bei Bullys könne es nicht anders sein, plante die damalige Zuchtleiterin den ersten Wurf für meine Hündin. Der Wurf fiel 1978, die Geburt verlief normal und von sieben Welpen überlebten fünf. Es war großartig zuzusehen, wie sich die Winzlinge zu prächtigen »Teenagern« entwickelten. Aber ich werde auch nie die traurigen Tage vergessen, als die neuen Besitzer kamen, um unsere Kleinen abzuholen. Doch alles in allem überwiegt das Positive – und darum besteht mein Zwinger seit nunmehr über 30 Jahren. Meine Hunde haben mir viel gegeben – und sie tun es immer noch. Daher fühle ich mich für diese Rasse verantwortlich. Seit 30 Jahren arbeite ich ehrenamtlich im Internationalen Klub für Französische Bulldoggen e. V., der unerschütterlich das oberste Ziel verfolgt, die Rasse gesund zu erhalten und zu verbessern. Wir wollen gesunde und typische Französische Bulldoggen. Mein letzter Bully kommt in mein Testament.«

Bullys gehören zu Barbara Pallaskys Leben einfach dazu – auf vier Pfoten oder über dem Arm.

BARBARA PALLASKY ist 1. Präsidentin des Internationalen Klubs für Französische Bulldoggen e. V. Sie züchtet seit 1978 ihre eigenen Bullys »vom Edelfluss«. 2009 erhielt sie die Baron-von-Gingins-Gedächtnismedaille, die höchste Auszeichnung des Verbandes für das Deutsche Hundewesen. Der VDH würdigte damit ihre Arbeit, bei der sie darauf beharrt, dass Typ und Gesundheit sich nicht widersprechen müssen.

Der Beginn einer wunderbaren Freundschaft

Nach einer langen Zeit der Vorfreude, aber auch des geduldigen Wartens ist es nun endlich so weit: Ihr kleiner Welpe ist alt genug, um ihn zu sich zu holen. Sie haben zu Hause die bestmöglichen Vorkehrungen getroffen, um Ihrem neuen Freund die Eingewöhnung so angenehm wie möglich zu machen. Sie haben im Tierfachhandel Schüsseln und Spielzeug besorgt und in der Wohnung das beste Fleckchen für seinen Ruheplatz ausgesucht. Eine aufregende Zeit beginnt – nicht nur für Sie, sondern auch für das vierbeinige Familienmitglied. Planen Sie daher in den nächsten zwei bis drei Wochen genügend Freizeit ein, denn das kleine Hundekind muss jetzt viel lernen – angefangen von den ersten Erziehungsversuchen bis hin zur Stubenreinheit. Und dazu braucht es Ihre Hilfe. Auch für das Seelenleben des kleinen Bullys ist es absolut vonnöten, dass seine neue Familie in den nächsten Wochen uneingeschränkt Zeit für ihn hat. Am besten besprechen Sie daher schon vorab innerhalb der Familie, wer welche Aufgaben bei der Versorgung übernimmt und wer wann Zeit für den Welpen hat. Schreiben Sie sich einen kleinen Tagesplan, der alle Routineaufgaben enthält, wie etwa Fütterungszeiten und Spaziergänge. Ein wiederkehrender Tagesablauf erleichtert dem Welpen die Eingewöhnung. Trotz aller Verantwortung und Umstellung: Genießen Sie diese Zeit – die Welpenzeit ist eine einmalige Lebensphase für Sie und Ihren Hund.

Gewissensfrage: Rüde oder Hündin

Gerade wenn das erste Mal ein Hund einzieht, steht die Frage, ob es ein Rüde oder eine Hündin sein soll, mit an vorderster Stelle. Dabei unterscheiden sich die Geschlechter bei dieser Rasse in ihrem Wesen gar nicht so sehr. In der Regel ist die Auswahl des Welpen beim Züchter ohnehin Herzensangelegenheit: Oft verlieben sich Hundebesitzer, die unbedingt einen Rüden wollten, dann doch in eine kleine Hündin – und umgekehrt.

Rüden sind häufig sehr geduldig. Was ein Weibchen bereits auf die Palme bringt, kann sie noch lange nicht aufregen.

Die Bully-Hündin ist wie bei fast allen Lebewesen kleiner und femininer gebaut als der Rüde, der nicht selten das zulässige Höchstgewicht von 14 Kilo auf die Waage bringt. Rüden sind in der Regel massiger und großrahmiger als Hündinnen, die auch deutlich weniger wiegen sollten. Grundsätzlich sollten Sie sich schon im Vorfeld Gedanken darüber machen, wie sich der Alltag mit Ihrem Hund gestalten wird: Wohnen Sie in einer Gegend mit sehr vielen Rüden, so kann es mit einer läufigen Hündin durchaus kompliziert werden und ihr Garten wird sicherlich das ein oder andere mal einer tierischen Belagerung standhalten müssen. Ein unkastrierter Rüde in einer Gegend mit vielen Hündinnen kann hingegen schon mal auf Freierstour gehen und ausbüchsen. Haben Sie vor, Ihren Hund regelmäßig in eine Pflegepension oder zum Hundesitter zu geben, müssen Sie sich im Klaren darüber sein, dass unkastrierte Rüden dort nicht immer aufgenommen werden.

Typisch Hündin?

Immer wieder wird behauptet, Hündinnen seien leichter zu erziehen als Rüden, würden schneller lernen und seien viel verschmuster und sanfter im Umgang. Andererseits neige das weibliche Geschlecht aber auch zu Launenhaftigkeit und verhalte sich zuweilen wie eine kleine Diva. Ob es sich bei alldem um klassische Vorurteile handelt, lässt sich in der Praxis nicht wirklich belegen. Klassische Beispiele, aber auch Gegen-

beispiele gibt es für all diese Eigenschaften. Was Sie jedoch auf jeden Fall bedenken sollten, wenn Sie mit einer Hündin liebäugeln: Eine Hündin wird alle sechs Monate läufig. In diesen zwei bis drei Wochen andauernden Zyklen wird die kleine Dame für alle Rüden in der Umgebung von unwiderstehlichem Reiz sein. Der alltägliche Spaziergang kann da schnell zum Spießrutenlauf werden. In der Vorbrunft wehrt die Hündin zwar noch jeden Rüden ab. Ab dem zehnten Tag jedoch bleibt sie bereitwillig stehen, sobald sich ihr ein Rüde nähert. Wenn Sie nun nicht aufpassen, kommt es zum Äußersten. Wollen Sie nicht züchten, schützt eine Kastration sicher vor ungewollten Schwangerschaften (→ rechts).

Was spricht für einen Rüden?

Anders als bei vielen anderen Rassen zeigen sich Französische Bulldoggenrüden nicht wirklich dominant oder streitlustig. Dementsprechend selten sind sie in Raufereien verwickelt. Trotzdem ist auch ein Bully-Rüde ein ganzer Kerl: Er ist wachsam, neugierig und immer darauf bedacht, sein eigenes Territorium zu verteidigen. Er ist bei alldem jedoch kein ungestümer Kläffer und normalerweise auch anschmiegsam und wenig launenhaft. Daher lässt sich der liebevolle Schmuser in der Regel ebenso gut erziehen wie eine Hündin. Es kann lediglich sein, dass ab und an ein wenig mehr Durchsetzungsvermögen Ihrerseits gefragt ist. Denn ein wenig stur sind die männlichen Bullys schon.

Alternativen zur Kastration: Bei Hündinnen unterdrückt die Pille für Hunde die Läufigkeit zuverlässig. Beim Rüden kann der Arzt ein Hormonimplantat injizieren. Dadurch entfallen nicht nur OP samt belastender Narkose. Sie halten sich auch die Option frei, dass der Hund doch noch irgendwann für Nachwuchs sorgt.

Kastration

Bei Hündinnen kann eine Kastration auch aus verschiedenen medizinischen Gründen von Vorteil sein. So verringert sich zum Beispiel das Risiko für Mammatumore, Tumore in der Milchdrüse und Gebärmuttervereiterungen. Weil die Französische Bulldogge zu den Spätentwicklern unter den Hunden zählt, sollten Sie den Eingriff jedoch nicht zu früh vornehmen; die Hündin sollte mindestens 1,5 Jahre alt sein – auch wenn das für Sie mehr Verantwortung bedeutet, weil sie bis dahin ein paarmal läufig ist. Bullys, die früher kastriert werden, bleiben fast immer in ihrer Entwicklung stehen: Sie wachsen nicht mehr ganz aus, ihr Körperbau ist graziler und sie sind oft auch verspielter. Alles in allem bleibt der Hund durch die zu frühe Kastration also welpenhafter. Was sich zunächst vielleicht ganz niedlich anhört ist für den Hund kein wünschenswerter Zustand. Nur ein vollständig entwickeltes Tier verfügt über das nötige Verhaltensrepertoire, um sich in seine Umwelt zu fügen.

Was schon für die Hündin gilt, gilt erst recht für den Rüden: Er ist erst mit etwa 2,5 Jahren ausgewachsen und sollte daher nicht vor dem zweiten Lebensjahr kastriert werden – wenn überhaupt. Sinnvoll ist der Eingriff vor allem dann, wenn noch geschlechtsreife weibliche Hunde in der Familie leben (in diesem Fall ist es meist besser, die Hündin zu kastrieren). Auch wenn der Hund einen gesteigerten Sexualtrieb hat, sollte man über eine Kastration nachdenken.

Die Grundausstattung

Ist der Welpe erst einmal im Haus, braucht er Ihre volle Aufmerksamkeit. Um unnötigen Stress zu vermeiden, sollten Sie daher schon im Vorfeld all die vielen Dinge besorgen, die Ihr neuer Mitbewohner vom ersten Tag an braucht.

So ein schönes, weich gepolstertes Bettchen ist der Traum jedes Bullys.

Halsband und Leine

Für den Welpen empfiehlt sich zunächst ein etwa 0,5 Zentimeter breites, größenverstellbares Nylonband, das in den nächsten Wochen und Monaten mit dem Hund mitwächst. Das Halsband sollte immer so eingestellt sein, dass es den empfindlichen Hals nicht einschnürt, der Welpe aber auch nicht herausschlüpfen kann. Das Halsband sitzt ideal, wenn Sie bequem einen Finger zwischen Hundehals und Band schieben können. Lederhalsbänder sollten auf der Unterseite keine derben Nähte oder Nieten aufweisen. Wählen Sie ein möglichst weiches, am besten gefüttertes, nicht zu breites Modell. Denn die Haare der Bulldogge

brechen sehr leicht, was unschöne Spuren im Fell hinterlässt. Auch hier gilt: Das Halsband darf nicht zu eng sitzen und muss rechtzeitig gegen ein größeres ausgetauscht werden (Fingertest). Ein Geschirr ist für Welpen weniger zu empfehlen, weil es damit in der Regel sehr viel länger dauert, bis sie lernen, ordentlich an der Leine zu gehen. Sollte Ihr Hunde allerdings Probleme mit den Halswirbeln haben, kann ein Geschirr entlastend auf diese Partie wirken.

Passend zum Halsband empfiehlt sich eine etwa ein Meter lange oder verstellbare Leine aus Nylon oder Leder. Flexileinen dagegen sind nichts für junge Bulldoggen: Sie verführen die Kleinen nur, ihren eigenen Laufstil zu entwickeln. Es geht dann recht schnell hin und her, kreuz und quer und vor und zurück – anstatt einfach geradeaus. Durch den leichten Zug, den es braucht eine Flexileine aus dem Gehäuse zu ziehen, lernt der Hund außerdem schon von klein an das Ziehen an der Leine.

Schlafplatz

Französische Bulldoggen lieben weiche, plüschige Bettchen. Doch viele dieser Modelle lassen sich nur von Hand waschen und sind daher sehr aufwendig in der Pflege. Achten Sie beim Kauf darauf, dass man die Schlafstätte bei 40 Grad waschen und am besten auch trocknen kann. Ein Tipp: Wenn Sie anschließend einen Tennisball mit in den Trockner geben, wird Plüsch wieder schön flauschig.

Keramikschüsseln lassen sich sehr gut reinigen und sind auch nach langer Zeit noch schön anzusehen. Weiteres Plus: Im Sommer bleibt das Wasser darin herrlich kühl.

Auf gar keinen Fall sollten Sie sich für ein Weidenkörbchen entscheiden. Es verleitet den kleinen Welpen zu sehr zum Knabbern – und irgendwann wird sich der Hund in einem unbeobachteten Augenblick dann auch an Ihren Möbeln zu schaffen machen. Ganz abgesehen davon kann der Welpe Stücke des Weidenrohrs verschlucken; im schlimmsten Fall bleiben die spitzen Holzspäne dabei im kurzen, engen und fleischigen Hals stecken. Das kann lebensbedrohlich sein.
Der ideale Platz für das Hundebett ist ein ruhiges Eckchen, an dem es nicht zieht und von dem aus der Bully alles überblicken kann. Von Anfang an sollten Sie sich bei der Wahl des Schlafplatzes auch überlegen, ob Sie Ihren Hund in Zukunft nachts bei sich im Schlafzimmer haben wollen oder nicht (→ Seite 81).

Futter- und Wassernäpfe
Edelstahlnäpfe lassen sich sehr gut reinigen und können sogar in die Spülmaschine. Gerade im Sommer sind als Wassernapf auch Ton- oder Keramikschüsseln gut geeignet, weil das Wasser darin länger kühl bleibt. Ein weiterer Vorteil dieses Materials: Die Näpfe sind relativ schwer und somit standsicher – auch wenn Ihr Bully mal wieder besonders hungrig ist und gierig frisst. Plastiknäpfe dagegen verrutschen leicht und verleiten zudem schnell zum Knabbern.
Der Napf sollte groß genug sein, dass die Futterration gut hineinpasst und der Bully beim Fressen nicht die Hälfte auf dem Boden verteilt.

Auch die Wasserschüssel sollte Ihrem Hund genügend Platz zum bequemen Trinken bieten.

Futter
Sicher hat Ihr Züchter Ihnen schon verraten, womit er seine Welpen füttert. Kaufen Sie auf alle Fälle einen mittelgroßen Sack dieses Futters, damit der kleine Magen nicht gleich am ersten Tag rebelliert. In den meisten Fällen wird Ihnen der Züchter ohnehin das entsprechende Futter mitgeben (→ auch Seite 108).

Spielzeug
Eine Französische Bulldogge kann sich stundenlang mit ihren Spielsachen beschäftigen – und das nicht nur im Welpenalter. Ein oder zwei Bälle oder Quietschfiguren aus Latex sollten daher jederzeit zur Verfügung stehen. Damit kann sich Ihr Hund prima vergnügen. Für gemeinsame Spiele haben sich Naturgummibälle an Kordeln, Ziehtaue und sogar Frisbees bewährt. Denn Französiche Bulldoggen sind sportlicher, als es auf den ersten Blick vielleicht scheinen mag. Steine und Holz (auch Stöckchen) sind dagegen als Spielzeug nicht geeignet. Erstere sind schlecht für die Zähne und bei Letzterem besteht wie bei Weidenkörbchen Verletzungs- und Erstickungsgefahr. Auch alte Schuhe oder Kleidungsstücke sollten tabu sein. Denn Ihr Hund kann nicht zwischen alt und neu unterscheiden – und nagt daher bald auch an Kleidung, die Sie selbst noch tragen wollen.

Es gibt viele schöne Dosen, um Leckerli aufzubewahren. Achten Sie darauf, dass sie gut zu reinigen sind und sich luftdicht verschließen lassen, damit sich kein Ungeziefer einnisten kann.

1 & 4 *Bälle an Kordeln, Knotenseile und Latexquietscher, aber auch ein verknotetes Geschirrhandtuch sind eine tolle Beschäftigungsmöglichkeit und werden als Spielzeug meist begeistert angenommen.*

2 *Ein weiches Lederhalsband, mit kleinen Steinchen oder Stickereien aufwendig verziert, dazu eine passende Leine: Das schmückt den Bully. Das Halsband sollte nicht zu breit, Nieten und Ösen mit Leder unterlegt sein, damit die Haare nicht brechen.*

3 *Wenn Sie Ihren Bully mit einem Massagehandschuh abreiben, kommt das einer Wellnessbehandlung gleich. Denn Sie reiben nicht nur lose Haare und Schmutzpartikel weg, sondern fördern auch die Durchblutung. Kein Wunder, dass so mancher Hund darauf mit einer wahren Grunzorgie reagiert.*

Aufgrund des kurzen Haarkleids hält sich der Pflegeaufwand bei einer Französischen Bulldogge in Grenzen. Eine weiche Naturhaarbürste oder ein Handschuh mit kleinen Gumminoppen genügen für die Fellpflege. Hautschuppen lassen sich am besten mit einem Microfaserstaubtuch oder einem normalen weichen Handtuch aufnehmen.

Transportbox

Schon für die Reise vom Züchter ins neue Zuhause empfiehlt sich der Transport in einer sicheren Hundebox. Diese werden Sie auch später immer wieder brauchen, wenn Sie Ihren Hund transportieren wollen. In der Wohnung kann eine Transportbox ebenfalls gute Dienste leisten, zum Beispiel wenn Ihr Hund noch nicht stubenrein ist und daher nachts nicht überall in der Wohnung herumwandern soll.

Wenn Sie mit dem Auto reisen, platzieren Sie die Box gut befestigt im Fond – am besten in Kombination mit einem Hundegitter. Denn in Deutschland ist es Pflicht, Tiere im Auto entsprechend zu sichern, sonst drohen Bußgelder wegen Missachtung der Ladungssicherungsvorschriften (wozu eben auch der Hund gehört). Außerdem können sich Hund und Insassen bei einem Unfall schwer verletzen, wenn das Tier durch den Aufprall wie ein Geschoss durch den Fahrgastraum fliegt. Ganz abgesehen davon, dass viele Unfälle erst durch ungesicherte Tiere im Fahrzeug verursacht werden.

Achten Sie beim Kauf einer Transportbox auf die Qualität (vor allem bei Schloss und Gitter) und auf die Größe. Ihr Hund sollte bequem stehen und sich drehen können, aber auch nicht zu viel Platz für ungestüme Turnereien haben. Lassen Sie sich im Zoofachhandel beraten. Alternativ eignet sich für Autofahrten auch ein spezielles Geschirr, das auf der Rückbank am Sicherheitsgurtsystem befestigt wird. (→ Seite 124)

1

2

3

4

Halsband und Leine sind unersetzlich, damit der Bully gefahrlos gassigehen kann. Ein Geschirr empfiehlt sich nur dann, wenn Ihr Hund schon älter ist oder Probleme mit der Wirbelsäule hat. Bei Welpen verhindert ein Geschirr oft, dass sie lernen, ordentlich an der Leine zu laufen.

Robuste Näpfe aus Keramik oder aus Edelstahl können, wie Sie hier sehen, selbst zum Blickfang in der Wohnung werden.

Ein kuscheliges Hundebett ist Pflicht. Vermeiden Sie aber zu viel Fell und Plüsch, weil der Bully gern daran herumkaut und ihm die Fasern im Hals stecken bleiben können.

Weiche Decken und Handtücher kann man nie genug haben. So sind Sie jederzeit gut gerüstet, wenn Ihr Bully nass wird oder Sie ein provisorisches Lager einrichten wollen.

Die ersten Tage im neuen Heim

Endlich zu Hause! Noch ist für den Welpen zwar alles neu und unbekannt. Doch mit Ihrer Hilfe wird er sich bald ebenso geborgen fühlen wie bei seiner Mutter und seinen Geschwistern. Dann wird er wissen: »Hier ist mein Platz.«

Abschied nehmen von Zieheltern, Mama und Geschwistern. Oft ist der Züchter bei der Welpenabgabe tiefer betrübt als das Hundekind.

Damit dem Welpen der Abschied nicht so schwer fällt, sollten Sie schon ein paar Wochen zuvor eine Decke beim Züchter lassen, die später auf der Heimreise richtig gut nach Hundemama und Hundegeschwister duftet.

Der Weg nach Hause

Sind sämtliche Formalitäten, insbesondere der Kaufvertrag und die Bezahlung, erledigt, treten Sie mit Ihrem Bully die Heimreise an. Wenn Sie mit dem Auto fahren müssen, sollten Sie mindestens zu zweit fahren. Gerade bei weiteren Strecken kann es anstrengend werden, wenn Sie allein mit dem Welpen unterwegs sind. In der Regel ist das kleine Hundekind bei seiner ersten Reise ziemlich verwirrt und ängstlich. Alles ist neu und anders, es fühlt sich alleine und beginnt zu jammern und zu winseln. Kein Wunder, es hat ja soeben seine vertraute Umgebung, seine Mama und seine Geschwister verlassen müssen.

Und deshalb braucht es Ihren Trost. Am besten setzen Sie sich zu dem gesicherten Hundebaby auf die Rückbank und beschäftigen sich während der Fahrt mit ihm. Das beruhigt den kleinen Kerl und schweißt zugleich zusammen, weil Ihr Hund Sie als aufmerksamen Gefährten kennenlernt, der ihm auch in der Not zur Seite steht. Halten Sie außerdem stets eine Packung mit Feuchttüchern griffbereit, falls es dem Hund im Auto schlecht wird und er sich übergibt.
Legen Sie auf längeren Fahrten eine Pause ein, damit der Welpe zwischendurch sein Geschäft verrichten kann. Lassen Sie ihn dabei aber auf keinen Fall frei laufen. Er kennt Sie nicht und wird Ihnen nicht folgen – im schlimmsten Fall wird er sogar davonlaufen.

Willkommen zu Hause

Zu Hause angekommen, geht es zuerst einmal nach draußen. Das kleine Tier muss nach der aufregenden Fahrt sicherlich seine Notdurft verrichten und die neue Umgebung erkundschaften. Lassen Sie Ihrem neuen Mitbewohner dazu genug Zeit.
Nach einigen Minuten können Sie dem Neuankömmling dann sein neues Zuhause zeigen. Lassen Sie ihn auch dabei ausgiebig schnüffeln und schauen. Führen Sie den Hund zu seiner Wasserschüssel, die ab jetzt immer am selben Platz stehen und jederzeit zugänglich sein sollte. Zeigen Sie ihm seine zukünftige Schlafstätte – verbunden mit dem Kommando »Körbchen« oder

»Platz«. Der Welpe wird dadurch schnell lernen, dass dies nun sein Rückzugsort ist. Und weil Ihr kleiner Bully noch sehr viel Schlaf braucht, sollten Sie ihm diese Zeit, wann immer er müde ist gewähren und ihn nicht stören.

Sobald sich die erste Aufregung gelegt hat, geben Sie dem Welpen an seiner zukünftigen Futterstelle einen kleinen Leckerbissen als Häppchen zwischendurch (zum Beispiel etwas Rindertatar). Nach dem Fressen tragen Sie ihn sofort nach draußen, damit er sein Geschäftchen verrichten kann (diesen Ablauf kennt er in dieser Form sicher schon vom Züchter). Hat er sich brav gelöst, loben und streicheln Sie das Hündchen überschwänglich und bringen es dann wieder zurück ins Haus.

Vielleicht eine der wichtigsten Regeln für den Anfang: Vermeiden Sie es, in den ersten Tagen viele Bekannte und Freunde einzuladen, damit sie Ihren Welpen bestaunen. Sie alle haben noch jahrelang Zeit, sich mit dem Bully zu beschäftigen. Momentan muss der Welpe schon genug neue Eindrücke verarbeiten. Und schließlich soll er sich doch erst einmal an Sie gewöhnen, oder?

Die erste Nacht im neuen Heim

Tagsüber mag das neue Zuhause noch aufregend und interessant sein. Spätestens in der ersten Nacht aber wird Ihr kleiner Bully seine Mutter und Geschwister vermissen und sich unendlich allein fühlen. Sie lindern den Trennungsschmerz, wenn Sie ein weiteres Hundebett direkt neben

In der Regel gibt der Züchter Ihnen neben einer kleinen Grundausstattung an Welpenfutter und Aufbaustoffen auch ein gewohntes Spielzeug mit auf den Weg. So findet das kleine Hundekind auch im neuen Zuhause vertraute Gegenstände und der Abschied fällt ihm nicht so schwer.

Ihrer eigenen Schlafstätte platzieren. So können
Sie den Welpen bequem vom Bett aus streicheln.
Dadurch fühlt er sich sicher und baut schnell
Vertrauen zu Ihnen auf. Ein weiterer Vorteil: Sie
merken sofort, wenn der Welpe unruhig wird
und nach draußen muss. Werden Sie aber nicht
schwach und holen das arme, hilflose Wesen in
Ihr Bett. Er wird sonst immer wieder zu Ihnen
wollen. Der junge Hund muss von Anfang an
lernen, dass das Bett seines Frauchens und
Herrchens tabu ist.

Wenn Sie nicht möchten, dass der Hund auf
Dauer im Schlafzimmer schläft, ist es ratsam,
gar nicht erst damit anzufangen. Damit Sie
trotzdem die erste Nacht in seiner Nähe sind,
stellen Sie das Körbchen neben das Sofa oder
machen es sich auf einer Luftmatratze bequem.
Damit der Hund Ihnen nach ein paar Tagen
nicht ins Schlafzimmer »nachwandert«, schließen Sie die Tür oder klemmen ein Babyschutz-
gitter in den Türstock. So kann er Sie sehen, gelangt aber nicht zu Ihnen.

Stubenreinheit

Schimpfen Sie nicht, wenn Sie in den ersten
Tagen und Wochen immer mal wieder eine kleine
Pfütze oder ein Häufchen in der Ecke entdecken.
Ihr Welpe ist in diesem Alter einfach noch nicht
stubenrein. Erst mit der Zeit lernt er, seine Aus-
scheidungen zu kontrollieren.

Bringen Sie Ihren Bully gleich morgens nach dem
Aufstehen, nach jeder Mahlzeit und abends vor

dem Schlafengehen nach draußen. Auch wenn der Welpe intensiv zu schnüffeln beginnt und unruhig wird, sollte er schnellstens ins Freie. Begibt er sich gar schon in die Lösehaltung, heben Sie ihn sofort mit einem energischen »Pfui« oder »Nein« auf und bringen ihn in den Garten, damit er dort sein Geschäft verrichtet.

Waren Sie einmal nicht aufmerksam genug und es hat sich ein Pfützchen auf den Boden verirrt? In diesem Fall nützt es gar nichts, den Hund zu schimpfen oder ihn sogar zu schlagen und sein Schnäuzchen in die Pfütze zu drücken, wenn Sie die Missetat entdecken. Er kann dann nämlich nicht nachvollziehen, warum Sie so böse auf ihn sind. Nur wenn Sie ihn auf frischer Tat ertappen, können Sie den Bully durch ein lautes »Pfui« oder Händeklatschen tadeln. Und auch wenn es in diesem Moment schon zu spät ist: Setzen Sie ihn umgehend nach draußen, damit er sich dort weiter entleert. Und dann loben Sie ihn überschwänglich und stecken ihm gegebenenfalls ein kleines Leckerli zu.

Allein sein üben

Es versteht sich von selbst, dass ein Hund – ganz besonders ein Welpe – nicht oft allein sein sollte. Aber natürlich lässt sich nicht immer vermeiden, dass er einmal ein paar Stunden ohne Sie im Haus oder in der Wohnung verbringen muss. Daher ist es wichtig, das Alleinsein so früh wie möglich zu üben. Das geht ganz leicht: Gehen Sie zum Beispiel einfach kurz aus der

Wohnung, schließen Sie die Tür hinter sich und warten Sie einige Minuten, ehe Sie wieder »nach Hause kommen«. Loben Sie den Bully überschwänglich, wenn er brav war, und geben Sie ihm ruhig auch ein Leckerli. Ganz wichtig: Werden Sie auf keinen Fall schwach, wenn er winselt und jault, während Sie vor der Tür warten. Der Hund lernt sonst nur, dass Sie zurückkommen, wenn er nach Ihnen »ruft« – und wird dies daher immer wieder tun. Bleiben Sie dagegen standhaft, erkennt er schnell, dass das Jammern nichts bringt und wird es in Zukunft sein lassen. Erwischen Sie Ihren Bully bei Ihrer Rückkehr auf frischer Tat beim Randalieren, dürfen Sie ihn mit strengem Ton tadeln. Anders ist es, wenn er zwar etwas kaputt gemacht hat, Ihnen aber schon freudig entgegenläuft; dann ist es zum Schimpfen leider zu spät. Der Hund würde Ihren Unmut auf seine Begrüßung beziehen und wäre zu Recht verunsichert. Ignorieren Sie den Hund einfach, das ist »Strafe« genug.

Nach ein paar Tagen bleiben Sie dann ein bisschen länger weg (und bringen zum Beispiel den Müll weg). Später gehen Sie kurz einkaufen oder einmal um den Block – bis Ihr Hund es schafft ein paar Stunden allein zu bleiben, ohne Dummheiten anzustellen. Auch wenn der Welpe immer wieder etwas kaputt beißt: Es ist nicht ratsam, alles wegzusperren oder außerhalb seiner Reichweite aufzustellen. Denn so lernt Ihr Bully nie, wie er sich benehmen soll. Bleiben Sie konsequent und üben Sie ausdauernd weiter.

Das Bett ist spitze, hier bleibe ich.

Kleine Kinder und Französische Bulldoggen: Nichts wird die Blicke mehr
auf sich ziehen als solch ein Gespann.
Meist wird die Liebe zum Bully den
Kindern schon in die Wiege gelegt,
weil Mama, Papa, Oma oder Opa bereits seit Jahren vom Bully-Fieber ge-
packt sind – und diese Begeisterung
steckt einfach an.

Das sanfte und geduldige Wesen gegenüber Kindern zeichnet diese Rasse
aus. Welches Kind wäre nicht stolz,
solche Spielkameraden zu haben.

FREIZEIT MIT DEM BULLY

Französische Bulldoggen sind wahre Familienhunde. Sie lieben nichts mehr, als mit ihrem Menschen zusammen zu sein – mit ihm zu spielen, zu schmusen und ihn möglichst auf Schritt und Tritt zu begleiten. Trotzdem sollten dabei einige Regeln gelten.

Beschäftigung und Erziehung

Hunde brauchen vom ersten Tag an eine konsequente Erziehung noch dazu, wenn Sie sich für eine ebenso liebenswerte wie eigensinnige Französische Bulldogge entschieden haben. Die kleinen Dickschädel haben ihren eigenen Kopf und verlangen besonders viel Geduld und Ausdauer von Ihnen. Doch die Mühe lohnt sich: Schließlich ist nichts anstrengender als ein unfolgsamer Hund, der an der Leine zieht und zu Hause an Möbeln oder Schuhen nagt.

Durch feste Regeln und tägliches Üben, lernt Ihr Bully, Sie als Rudelführer zu akzeptieren. Sind Sie dagegen inkonsequent und lassen ihm mal dies, mal das durchgehen, neigt er dazu, schnell selbst die Hauptrolle im Mensch-Hund-Rudel übernehmen zu wollen und Ihre Kommandos in Zukunft in Frage zu stellen. Doch nicht nur das gemeinsame Üben stärkt das Mensch-Hund-Team, auch Spielen verbindet. Ihre Französische Bulldogge kann sich dabei richtig austoben und übt ganz nebenbei auch noch die Grundkommandos wie zum Beispiel »Hier«.

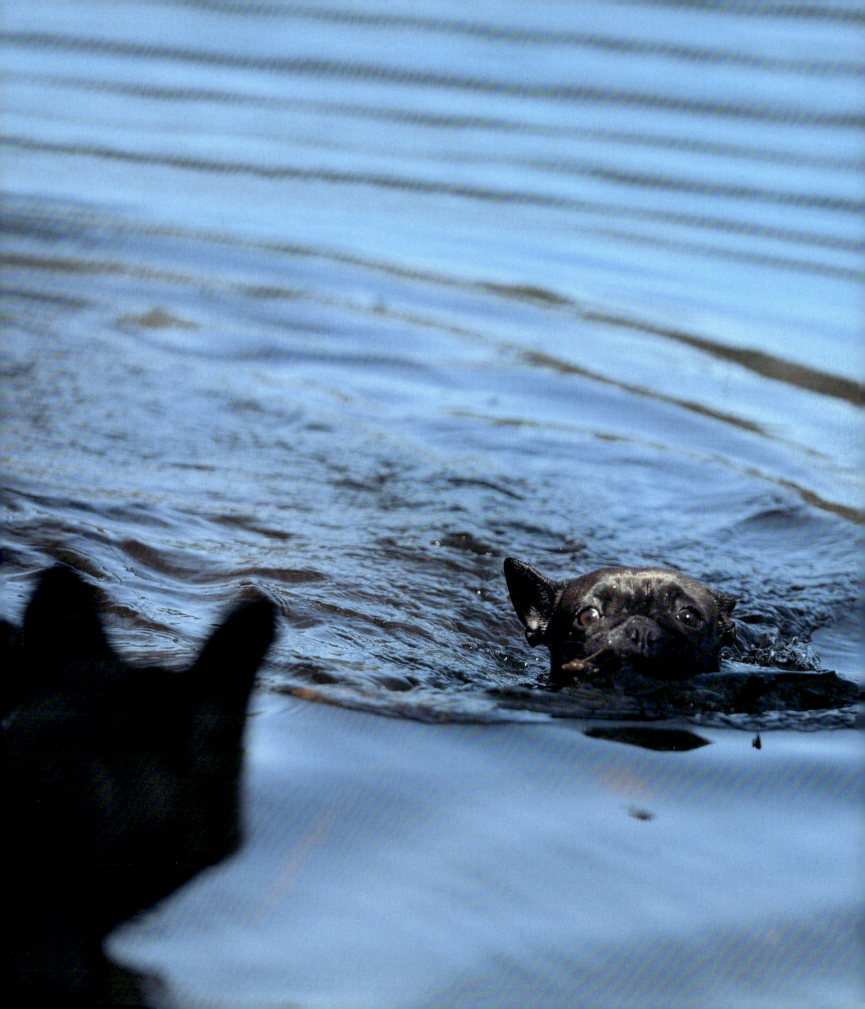

Erziehung muss sein

Sicher, eine Französische Bulldogge ist kein Labrador, der schnell lernt und immer neue Aufgaben erfüllen mag. Diese Rasse hat eben ihren eigenen Kopf. Trotzdem sollte Ihr Bully die wichtigsten Erziehungsregeln kennen und auf Befehl auch ausführen. Nur so können Sie ihn problemlos überall mitnehmen.

Jeder Bully kann sitzen lernen – und sollte diesen Befehl auch anschließend immer wieder üben, damit er ihn nicht vergisst.

Gerade am Anfang empfiehlt es sich, das Kommando »Platz« eher am Ende des Spaziergangs zu üben. Ihr Bully ist dann schon ein wenig müde und legt sich lieber hin, als wenn er gerade erst zu toben begonnen hat.

Leinenführigkeit

Brav an der Leine zu gehen ist eines der ersten Dinge, die Ihr Welpe lernen sollte. Um das zu üben, legen Sie dem Bully-Kind zunächst das Halsband um (es sollte immer noch bequem ein Finger zwischen seinen Hals und das Band passen). Lassen Sie ihm Zeit, sich an das Halsband zu gewöhnen. Wenn Sie ausgiebig mit dem Hund spielen, wird er es schnell für die normalste Sache der Welt halten.

Ist das der Fall, klicken Sie die Leine ein und gehen gemeinsam los. Geben Sie dabei das Kommando »Fuß«. Versuchen Sie vor Ihrem Hund zu laufen, und lenken Sie seine Aufmerksamkeit auf sich, damit er Ihnen zügig folgt. Mitunter hilft dabei ein Spielzeug, das sein Interesse weckt. Trotzdem dauert es oft eine Weile, bis der Bully lostrottet. Bleiben Sie am Ball und zerren Sie ihn auf keinen Fall ungeduldig hinter sich her. Achten Sie darauf, dass die Leine immer schön locker bleibt. Der Hund darf nicht ziehen. Tut er dies doch, bleiben Sie stehen und ignorieren ihn so lange, bis er sich Ihnen zuwendet. Jetzt loben Sie ihn und setzen den Spaziergang fort. Geht er an der lockeren Leine neben Ihnen her, loben Sie ebenfalls. Wenn Sie außerdem gleichzeitig das Hörzeichen »Fuß« geben, lernt der Hund schnell, was er bei diesem Kommando machen soll.

Sitz

Damit Ihr Hund lernt, sich auf Befehl zu setzen, braucht es eigentlich nur ein wenig Geduld und eine Menge Leckerli. Halten Sie eines davon so über seinen Kopf, dass er sich setzen muss, um es besser zu sehen. Sobald er richtig sitzt, sagen Sie das Kommando »Sitz« und geben ihm das Leckerli, während Sie ihn gleichzeitig ausgiebig loben und streicheln.

Platz

Wenn Ihr Bully den Befehl »Sitz« beherrscht, kann er lernen, Platz zu machen. Lassen Sie ihn wie gewohnt hinsetzen und führen Sie das Leckerli erst langsam zu Boden, dann nach vorne. Dabei wird sich Ihr naschhafter Bully automatisch hinlegen. Sobald er richtig liegt, nennen

Sie das Kommando »Platz«, geben ihm wieder die Belohnung und loben ausgiebig. Hat er das Leckerli aufgefressen, lassen Sie ihn sich wieder hinsetzen und lösen die Übung auf.

Hier

Wenn Sie Ihren Bully rufen, sollte er so schnell es geht zu Ihnen kommen – auch zu seiner eigenen Sicherheit, zum Beispiel im Straßenverkehr. Am Anfang können Sie das noch ganz spielerisch üben. Wenn Sie sein Futter bereitet haben, rufen Sie ihn mit einem freundlichen »Hier« und loben ihn wieder ausgiebig, wenn er freudig zu Ihnen rennt. Dann bekommt er sein Futter. Hat der Hund verstanden, dass es nach dem Kommando etwas zu Fressen gibt, rufen Sie ihn ein

paarmal am Tag in der Wohnung. Kommt er ebenso zügig wie sonst angetapst, gibt es neben dem obligatorischen Lob ein Leckerli.

Sobald er zu Hause zuverlässig zu Ihnen kommt, können Sie das Üben auch nach draußen verlagern. Weil es dort viele interessante Dinge gibt, die den Welpen ablenken, empfiehlt es sich, ihm eine lange dünne (Schlepp-)Leine anzulegen, um ihn im Notfall schnell einfangen zu können. Damit Ihr Bully immer wieder gern zu Ihnen kommt, sollten Sie nicht mit Lob, Streicheleinheiten und Leckerli sparen. Schimpfen Sie nie, auch wenn er erst spät reagiert. Denn dadurch würde er lernen, dass er bestraft wird, wenn er zu Ihnen kommt – und beim nächsten Mal nur noch länger trödeln.

Auch ein Bully braucht eine konsequente Erziehung, wie zum Beispiel bei der Begleithundeausbildung. Dann liegen sie so gelassen im Gras und warten geduldig und aufmerksam auf das nächste Kommando.

Gut erzogene und soziali-sierte Bullys spielen auch im Rudel freundschaftlich und ohne Raufereien. Hier freuen sich vier Hunde aus verschiedenen Familien, sich zu treffen und trotz der großen Hit-ze gibt es keine Querelen.

Betteln

Keine Frage: Eine Französische Bulldogge be-herrscht es perfekt, mit großen Augen am Tisch oder in der Küche um Futter zu betteln. »Ich bin so hungrig, arm und ungeliebt« – diesem speziellen Blick ist tatsächlich nur sehr schwer zu widerstehen. Bleiben Sie trotzdem standhaft, denn wenn es einmal geklappt hat, wird es Ihr Hund immer wieder versuchen. Und das kann auf Dauer ganz schön nerven. Ganz abgesehen davon, dass Bullys bei manchen Speisen speicheln und alles vollsabbern. Außerdem werden sie viel schneller dick als andere Rassen.

Von Anfang an ein hartes und konsequentes »Nein« am Esstisch kostet also zwar vielleicht ein wenig Überwindung. Es erspart Ihnen aber

viel Ärger – das gilt vor allem auch dann, wenn Sie den Hund später einmal zum Essen ins Res-taurant mitnehmen wollen.

Springen

Französische Bulldoggen neigen dazu, an Men-schen hochzuspringen – sei es, um sie zu begrü-ßen oder um weitere Streicheleinheiten einzu-fordern. Das mag zwar lustig aussehen, aber schmutzige Pfotenabdrücke und Laufmaschen, bei nackten Beinen auch Kratzer, sind eher un-erfreulich.

Damit Ihr Bully sich gar nicht erst angewöhnt, Sie so stürmisch zu empfangen, ignorieren Sie ihn bei jedem Springen. Streicheln Sie ihn im-mer erst dann, wenn alle vier Pfoten fest auf dem

Links: Bullys sind gelehrige Schüler. Mit einer Hand voll Leckerli und ein wenig Geduld kann man ihnen die schönsten Kunststücke beibringen, wie zum Beispiel »Give-me-five«.

Rechts: Üben Sie nie länger als 10 bis 15 Minuten am Stück, sonst verliert der Bully die Lust. Genauso wichtig ist es, das Training immer mit einem Erfolg zu beenden. Wenn es gar nicht klappen mag, lassen Sie ihn etwas Einfacheres machen. Loben Sie ihn und beenden Sie das Training. Das nächste Mal versuchen Sie es dann aufs Neue.

Boden stehen. Weisen Sie auch Ihre Besucher entsprechend an. Wenn Sie konsequent bleiben, lernt der Bully innerhalb kürzester Zeit, dass man durch zurückhaltendes Verhalten schneller und mehr Streicheleinheiten bekommt.

Apropos Belohnung: Ein Leckerli sollte für den Hund ein Extra sein, für das es sich lohnt, sich ein wenig anzustrengen. Das klappt nur, wenn Sie ihm nicht ständig grundlos etwas zum Naschen zustecken. Geben Sie Ihrem Bully daher nur dann ein Leckerli, wenn er brav getan hat, was Sie wollten.

In der Hundeschule

Auch wenn Sie zu Hause regelmäßig üben: Ein Besuch in der Welpenschule ist immer ratsam.

Der Welpe kann dort mit gleichaltrigen Hunden spielen und so das richtige Sozialverhalten erlernen. Und nur wenn er weiß, wie er sich gegenüber seinen Artgenossen verhalten muss, wird das Gassigehen später nicht zum Spießrutenlauf. Oft gibt es in der Welpenschule auch Spielgeräte, die man nur auf einem Hundeplatz finden wird: Tunnel, in denen sich die Kleinen verstecken können, große Kisten mit vielen bunten Bällchen, eine Rutsche – all das ist die schönste Unterhaltung für Ihren Welpen. Sie selbst erhalten wertvolle Tipps für Erziehung und Haltung. Viele Vereine und private Hundetrainer bieten im Anschluss an die Welpenschule Aufbaukurse und Begleithundetraining an; informieren Sie sich rechtzeitig über Internet oder Zeitung.

Bullys und ihre Artgenossen

Die Französische Bulldogge ist im Allgemeinen ein friedfertiger Hund – und trotzdem kann es hin und wieder zu Problemen mit anderen Hunden kommen. Fast immer liegt das an der speziellen Mimik und dem besonderen Körperbau des Bullys, die ihn in seiner Körpersprache deutlich einschränken.

Im Zusammenleben mit den Menschen scheinen die Falten des Bullys kein Problem darzustellen. Im Gegenteil: Französische Bulldoggen haben eine geradezu menschlich erscheinende Mimik – und können sich dadurch perfekt mit ihrem Besitzer »unterhalten« und sich ihm mitteilen. Viele geben dazu leise Geräusche von sich, etwa wenn sie ganz dringend ein Leckerli oder eine Streicheleinheit haben möchten und sind so einfach unwiderstehlich.

Hunde kommunizieren anders als wir Menschen nicht mit Worten. Sie bellen und knurren stattdessen – vor allem aber »sprechen« sie mit ihrem Körper. Die Körperhaltung oder die Stellung ihrer Rute zum Beispiel verraten schon von Weitem, wie sie sich gerade fühlen: Sie machen sich groß, um möglichst dominant zu wirken, und klein, wenn sie Angst haben. Sie wedeln kräftig mit dem Schwanz, wenn sie aufgeregt sind, und drehen den Kopf zur Seite, wenn sie Ärger aus dem Weg gehen wollen. Auf näherer Distanz nutzen Hunde die Stellung ihrer Ohren und ihre Mimik, um sich mit Artgenossen auszutauschen. Sie verengen beispielsweise die Augen, ziehen die Lefzen hoch oder legen die Ohren an – und senden damit unmissverständliche Signale an ihre Umwelt. Betrachtet man eine Französische Bulldogge, so sieht man auf den ersten Blick, dass sie sich allein schon durch ihren Körperbau von anderen Rassen unterscheidet. In der Kommunikation mit anderen Hunden führt dies unter Umständen zu Missverständnissen oder Irritationen.

Die Körpersprache der Bullys

Die Französische Bulldogge kann sich aufgrund ihres Äußeren nicht immer ganz verständlich ausdrücken. Während etwa ein Schäferhund schwanzwedelnd auf einen Artgenossen zugeht, machomäßig seine Rute hebt oder sie ängstlich zwischen die Hinterbeine klemmt, ist der nahezu rutenlose Bully in gewisser Weise »sprachlos«. Er kann sein Stummelschwänzchen bestenfalls leicht und fast unsichtbar wedeln. Selbst erfahrene Bully-Besitzer haben häufig Schwierigkeiten, dieses Signal richtig zu erkennen und zu deuten. Kein Wunder also, dass es ab und an zu Missverständnissen mit anderen Hunden (und auch Menschen) kommt. Dieses Problem wird nicht einfacher durch die Tatsache, dass der Bully an sich schnell zu Selbstüberschätzung und Größenwahn neigt. Versuchen Sie diese Eigenschaft schon vom ersten Tag an in die richtigen Bahnen zu lenken, indem Sie ihn beim Spielen genau beobachten (→ Seite 94), damit es später beim Gassigehen keine Schwierigkeiten gibt.

Dass Französische Bulldoggen aufgrund ihrer Kurzschnäuzigkeit lauter atmen als die meisten Rassen, führt ebenfalls zu Missverständnissen. Denn andere Hunde deuten das laute Schnaufen oft als Knurren – und reagieren darauf je nach Naturell unnötig ängstlich oder aggressiv.

Aufmerksamer Beobachter

Mit etwas Übung jedoch lässt sich die momentane Verfassung einer Französischen Bulldogge trotzdem »lesen«: Ist seine Körperhaltung aufrecht, sind die Ohren nach oben gerichtet und hängen die Lefzen nach unten, ist der Bully entspannt. Das heißt aber nicht, dass er seine nähere Umgebung nicht aufmerksam beobachtet, damit ihm auch ja nichts entgeht. Hat irgendetwas sein Interesse geweckt, reckt er sein Köpfchen, dreht die Ohren leicht und spannt alle Muskeln an. In seinem Gesicht bilden sich »Sorgenfalten«.

Gerade die unzähligen Falten, die das Gesicht der Französischen Bulldogge so unverwechselbar und liebenswert machen, schränken die Mimik bei der Kommunikation mit Artgenossen deutlich ein.

Imponiergehabe

Möchte ein Bully – egal ob Rüde oder Hündin – seinem Gegenüber klarmachen, wie groß und stark er ist, tänzelt er hoch erhobenen Kopfes und federleicht beschwingt auf seinen Katzenpfötchen. Trotz seines massigen Körpers erinnert er dadurch an eine kleine Elfe. Zeigt dies noch nicht den gewünschten Effekt, steigert sich das Imponiergehabe zur Drohgebärde. Jetzt ist ein leises, dumpfes Brummen zu vernehmen, die Lefzen gehen fast unsichtbar nach oben, die Augen bekommen einen starren Blick und die Haare entlang der Wirbelsäule (Kamm) stellen sich senkrecht auf. Ein kleiner Vulkan steht kurz vor der Explosion. Meist genügt das schon, um sein Gegenüber in die Schranken zu weisen. Denn bei einer solchen Drohung suchen viele Gegner schnell das Weite.

Ein richtig aggressives Verhalten zeigt der Bully in den seltensten Fällen. Schließlich ist er im Grunde seines Herzens ein gutmütiger, drolliger und liebenswürdiger Hund, der am liebsten den ganzen Tag spielen und schmusen würde.

Unterwerfen

Wie jeder andere Hund zeigt auch der Bully demütiges Verhalten, indem er sich auf den Rücken legt und die Pfötchen gegen die Brust oder Kopf des Gegenübers streckt. Leichte schmatzende Geräusche, die entstehen, weil er seine eigene Schnauze leckt, sind ebenfalls ein Zeichen dafür, dass sich Ihr Vierbeiner untergibt.

Miteinander spielen

Französische Bulldoggen sind bis ins hohe Alter sehr verspielt. Sie kauen mit dem größten Vergnügen auf quietschenden Gummitieren herum, jagen Bällen und sogar Frisbees hinterher und lieben Zerrspiele. Der beste Spielpartner sind jedoch Sie.

Spielen ist für die Entwicklung und das Wohlbefinden Ihres Vierbeiners immens wichtig. Genauso wichtig aber ist, dass er dabei ein paar Regeln einhält. Anderenfalls kann zum Beispiel eine spielerische Rangelei um ein Seil leicht zu einem regelrechten Machtkampf ausarten. Weil Bullys generell eher stur sind, braucht es auch beim gemeinsamen Spiel hin und wieder eine deutliche Zurechtweisung. Wenn Sie dabei konsequent sind und ihm schlechtes Benehmen nicht das eine Mal durchgehen lassen, das andere Mal nicht, wird Ihr Vierbeiner mit der Zeit merken, was er darf – und was nicht.

Achten Sie beim Spielen darauf, dass der Boden nicht zu glatt ist (wie es zum Beispiel bei Parkett oder Fliesen der Fall ist). Auf dem rutschigen Untergrund kann sich Ihr Bully-Welpe schnell zerren oder anderweitig verletzen.

Sie bestimmen, wann gespielt wird

Auch wenn es ums Vergnügen geht, sollte Ihr Hund merken, wer der Herr (oder die Frau) im Haus ist. Fordert er Sie von sich aus zum Spielen auf, können Sie ihn daher ruhig ignorieren. Erst wenn Sie selbst die Initiative ergreifen, beginnt der Spaß. Natürlich kann es dabei ab und zu auch vorkommen, dass Ihr Bully gerade keine Lust zum Spielen hat. Zwingen Sie ihn dann nicht, schließlich sollen beide Freude am Miteinander haben.

Was für die Spielaufforderung gilt, ist auch am Schluss wichtig: Nicht der Hund sollte das Spiel beenden, sondern Sie. Achten Sie dabei darauf, aufzuhören, bevor Ihr Hund die Lust am Spiel verliert. Auf diese Weise bleiben Sie ein interessanter Spielpartner – und Ihr Bully wird beim nächsten Mal begeistert wieder mitmachen.

Spielerisch die Rangfolge lernen

Erlauben Sie Ihrem Vierbeiner im Spiel nichts, was Sie ihm normalerweise verbieten (zum Beispiel an den Beinen hochspringen). Das irritiert ihn, weil er die Situationen nicht unterscheiden kann. Achten Sie außerdem darauf, dass die Rangordnung auch beim Spielen nicht infrage gestellt wird. Lassen Sie den Hund zum Beispiel bei Zerrspielen nicht jedes Mal gewinnen, laufen Sie nicht vorneweg, um sich von ihm jagen zu lassen und legen Sie sich nicht unter ihn. Dies ist vor allem dann wichtig, wenn Kind und Hund zusammen spielen (→ auch Seite 96 f.).

Beißen verboten

Ein Bully-Welpe hat sehr spitze Zähne. Wenn er zwickt, tut es daher ganz schön weh – auch wenn ihm die Kraft einer ausgewachsenen Französischen Bulldogge noch fehlt. Machen Sie Ihrem Vierbeiner daher von Anfang an klar, dass Sie nicht tolerieren, wenn er schnappt. Wird er beim Spielen zu übermütig, ziehen Sie die Hand sofort weg, unterbrechen das Spiel und zeigen Sie ihm unmissverständlich, dass dieses Verhalten nicht erwünscht ist (meist genügt dazu ein scharfes »Pfui«). Anschließend ignorieren Sie den Hund und lassen ihn sich erst einmal mit sich allein beschäftigen. Erst nach einiger Zeit erfolgt dann die nächste Aufforderung zum gemeinsamen Spiel. In der Regel lernen Hunde so schnell, dass sie aufpassen müssen – auch wenn es einmal etwas wilder zugeht.

Bullys und Kinder

Ihre moderate Größe, ihr ausgeglichenes, unerschrockenes Wesen und ihre unglaubliche Geduld machen Französische Bulldoggen zu echten Kinderhunden. Gemeinsam auf dem Sofa kuscheln, spazieren gehen oder im Garten spielen macht beiden großen Spaß.

Wenn das Kind gelernt hat, was ein Hund braucht, entsteht eine Freundschaft fürs Leben.

Französische Bulldoggen sind echte Familienhunde und empfehlen sich auch dann als nimmermüde Spielkameraden, wenn Kinder im Haus leben – gerade der Nachwuchs wird ihre uneingeschränkte Zuneigung erhalten. Doch so ein kleiner Hund steht nicht nur zu Spiel und Spaß bereit, er hat durchaus auch einen pädagogischen »Nutzen« und verfügt über geradezu therapeutische Fähigkeiten. Zum einen lernen Kinder, dass sie Verantwortung für den vierbeinigen Gefährten übernehmen müssen: Der Hund muss jeden Tag gefüttert werden und Gassi gehen, er will gepflegt und natürlich auch gefordert und liebkost werden. Schon die Kleinsten können

dabei mithelfen und zum Beispiel den Wassernapf füllen, das Futter mit vorbereiten oder dem Hund unter Aufsicht der Eltern das Halsband anlegen. Dies alles fördert die Sozialkompetenz eines Kindes.

Gerade für die jüngsten Familienmitglieder ist der Hund aber oft nicht nur ein Mitbewohner auf vier Pfoten, sondern auch der beste Freund. Er lacht sie niemals aus, wird sie nie verraten oder kränken. Nicht zuletzt verbringt der Nachwuchs einen guten Teil seiner Freizeit mit viel Bewegung an der frischen Luft, was sich ebenfalls positiv auf die Gesundheit und die gesamte Entwicklung auswirkt.

Für ein gutes Zusammenleben

Damit das Verhältnis zwischen Kind und Hund möglichst ungetrübt bleibt, müssen sich alle an bestimmte Regeln halten. Der Bully muss akzeptieren, dass er in der Rangordnung unter dem Mensch steht, auch wenn dieser noch viel kleiner ist als Herrchen oder Frauchen. Und so muss er von Anfang an lernen, das Kind nicht körperlich zu bedrängen, auch wenn es schwächer ist als er selbst. Er darf nicht an ihm hochspringen: Noch ist der Welpe winzig, aber ein ausgewachsener Bully kann ein Kind durchaus umwerfen. Auch wenn der Welpe beim Spiel mit seinen nadelspitzen Zähnchen einmal zu fest ins Händchen schnappt, unterbrechen Sie das Spiel sofort und geben dem Hund ein scharfes Kommando (»Pfui«). In der Regel schüchtert schon

*Auf Schritt und Tritt ein Team.
Trotzdem müssen sich Kind und
Hund beim Spielen immer an
gewisse Regeln halten.*

diese Reaktion den Welpen genügend ein – umso mehr, wenn das Kind auch noch laut aufschreit oder weint. Verbieten Sie zudem alle Spiele, bei denen Kind und Hund an irgendwelchen Dingen zerren (Seil, Spielzeug). Der Bully wird sehr bald merken, dass er dabei gewinnt – und sich entsprechend wichtig nehmen.

Doch auch Kinder müssen sich an gewisse Regeln halten: Sie müssen lernen, dass ihr vierbeiniger Freund kein Spielzeug ist, sondern es auch Zeiten gibt, in denen er in Ruhe gelassen werden will – zum Beispiel wenn er frisst, trinkt oder sich auf seinen Platz legt. Im Grunde gibt es wie bei jedem Hund ein paar Verhaltensempfehlungen – Kinder sollten:

• … nie an den Fledermausohren oder an der kleinen Rute ziehen – auch wenn das gerade für die ganz Kleinen verlockend sein mag.

• … dem Bully nie direkt in die Augen starren. Denn dies gilt in der Hundesprache als ein Zeichen, dass sich zwei Gegner miteinander messen wollen.

• … nicht versuchen, dem Vierbeiner Spielzeug oder Leckerli wegzunehmen. Es könnte sein, dass er seinen Besitz verteidigt und schnappt.

• … nie vor einem Bully davonlaufen, auch wenn sie Angst haben oder spielen wollen. Der Hund wird mit großer Wahrscheinlichkeit hinterherjagen – und er ist schneller und stärker.

• … nie dazwischengehen, wenn sich der Bully mit einem anderen Hund streitet. Im Eifer des Gefechts könnte eines der Tiere zubeißen.

Meine Geschichte

Nur dank geschickter Überredungskunst konnte Angelika Meier, Eigentümerin der Bezaubernden Jeanny von der Rothenberg Festung, der Züchterin Susanne Saller-Schneider die vielversprechende Hündin abkaufen. Eigentlich sollte Jeanny nämlich in der Zuchtstätte bleiben. Im Dezember 2009 zog Gina, wie die Bully-Schecke von da an genannt wurde, aber doch bei Frau Meier und den beiden Französischen Bulldoggen Abby und Finesse ein.

Wer ist stolzer? Die gelehrige Gina oder ihr Frauchen Angelika Meier? Sie hat den anderen Fährtenhundbesitzern gezeigt, dass Größe nicht alles ist.

»Keiner meiner Bullys ist ein verwöhntes Schoßhündchen. Sie sind »richtige« Hunde, was natürlich nicht heißt, dass sie nicht gerne einmal ungestört auf dem Sofa herumliegen. Aber ich beschäftige sie jeden Tag ausgiebig, zum Beispiel mit Hundesport. Sie sind dann einfach ausgeglichener und kommen zu Hause nicht so schnell auf Dummheiten.

Nachdem Gina für ihr Leben gerne auf dem Boden herumschnüffelt und dabei die unterschiedlichsten Dinge aufstöbert, dachte ich mir: »Warum sollten wir es nicht einmal mit Fährtenarbeit probieren?.« Zur ersten Stunde fanden wir uns inmitten von Boxern, Schäferhunden, Mischlingen und Riesenschnauzern auf dem Übungsplatz wieder. Natürlich wurden wir erst einmal mitleidig belächelt. Ausgerechnet eine Französische Bulldogge sollte an der Fährtenarbeit teilnehmen. Terrier oder Dackel, ja, die sieht man öfters, weil diese Rassen auch zur Jagd ausgebildet werden. Aber ein Gesellschaftshund? Wir ließen uns nicht entmutigen und auch die Witze hörten bald auf. Schließlich arbeitet meine kleine Bully-Hündin auf der Fährte schneller als so mancher Großhund. Die erste Strecke verlief über eine Gerade von 15 Metern. In jeden Fußtritt legte ich ein Stück Wiener Würstchen. Ich nahm Gina an die Laufleine, führte die Hand über den Abgang und gab energisch das Kommando »Such«. Das ließ sich meine Bully-Hündin nicht zweimal sagen. Sie fing sofort mit der Sucharbeit an, stöberte

Wurststückchen für Wurststückchen auf und fand zu ihrem großen Entzücken am Ende noch einmal eine ganze Handvoll davon.

Rund einen Monat haben wir zweimal in der Woche so geübt. Erst dann kam der erste Winkel dazu. Aber auch hier leistete Gina hervorragende Arbeit. Und wenn sie einmal von der Spur abkam, bestrafte ich sie nicht, sondern wartete geduldig, bis sie selbst zurückfand. Wieder vier Wochen später erhöhte ich den Schwierigkeitsgrad erneut: Gina musste eine Socke suchen, die ich »verloren« hatte. Gleichzeitig reduzierte ich die Leckerli – sicher sehr zur Enttäuschung meiner verfressenen Hündin. Als sie sich trotzdem auf die Suche machte und vor dem Strumpf stehen blieb und anzeigte, dass sie ihn gefunden hatte, gab es natürlich eine entsprechende Belohnung. Mit der Zeit wurden die Fährten immer länger und schwieriger. Heute lege ich fast keine Leckerli mehr aus. Die Leine ist zehn Meter lang und Gina geht, wie es sich auf der Fährte gehört, immer voran.

Mein nächstes Ziel: Ich möchte mit Gina die Fährtenprüfung FH 1 absolvieren. Die Fährte muss dann mindestens 20, manchmal sogar 40 Minuten liegen, ehe der Hund starten darf. Sie ist etwa einen Kilometer lang und es sind sieben Gegenstände »versteckt«. Ich übe täglich mit Gina und verstecke ihr auch zu Hause immer wieder kleine Leckerli, die sie schnell suchen muss. Ich bin sicher, sie schafft die Prüfung. Denn Gina ist eine echte Spürnase.«

Hier geht's lang … Auf der Suche nach der richtigen Fährte scheint die Nase am Boden zu kleben.

ANGELIKA MEIER, Boxer- und Bully-Züchterin, hatte viele Jahre eine Hundepension und arbeitete als Hundeausbilderin. Gina ist nicht nur ein ausgezeichneter Fährtenhund, sie hat auch an verschiedenen internationalen Ausstellungen mit vorzüglichen Platzierungen teilgenommen und die Zuchttauglichkeitsprüfung ohne Auflagen abgelegt. Auf ihren ersten Wurf Welpen freut sich Angelika Meier schon heute.

Bully-Ausstellungen

Auch wenn sie nicht die Absicht haben, selbst Welpen zu züchten, möchten viele Bully-Besitzer ihren Hund auf einer Ausstellung präsentieren. Wenn auch Sie mit diesem Gedanken spielen, sollten Sie dies bereits beim Kauf Ihres Bullys ansprechen. Denn nicht jeder Hund eignet sich für den Ausstellungsring. Auch wenn er noch so schön ist: Ein ängstlicher und zurückhaltender Bully wird sich in fremder Umgebung niemals in seiner ganzen rassetypischen Schönheit zeigen. Zudem bedeutet eine Ausstellung für ihn immer auch enormen Stress. Denn die Anwesenheit der vielen anderen Hunde und der in noch größerer Zahl zu erwartenden fremden Menschen verunsichert ihn. Sie tun also letztendlich weder sich noch dem Hund einen Gefallen.

Wenn Sie einen Ausstellungshund suchen, sollten Sie einen vom Wesen her stabilen und ausgeglichenen Welpen auswählen. Ihr Züchter kann Sie dabei von vornherein gut beraten: Er weiß, ob ein Welpe eher schüchtern ist oder ob er zur selbstsicheren, neugierigen und draufgängerischen Sorte zählt – und daher im Ring sicher und stolz auftreten wird.

Mit dem Hund im Ring

Bereits im Welpenalter lassen sich Hundecharaktere gut einschätzen. Wählen Sie den passenden Hund, denn die Ausstellungen sollen nicht nur Ihnen Freude bereiten, sondern auch Ihrem Bully Spaß machen.

Wenn Sie einem Hundeverband wie dem IKFB angehören, können Sie vom VDH monatlich das Magazin »Unser Rassehund« beziehen. Darin sind nicht nur alle Ausstellungen des Jahres verzeichnet, es beinhaltet auch einen neutralen Meldeschein, mit dem Sie sich und Ihren Hund zu den genannten Veranstaltungen anmelden können. Wenn Sie sich für Ort und Termin entschieden haben, wird gleichzeitig mit der Anmeldung auch eine Meldegebühr für Ihren Hund fällig. Diese überweisen Sie vorab auf das angegebene Konto. Alternativ können Sie Ihren Hund auch über die Internetseite des VDH (→ Adressen, Seite 142) für eine Ausstellung anmelden. Die Kosten liegen für internationale Ausstellungen bei etwa 50 Euro pro Hund; zusätzlich erhalten Sie einen Ausstellerkatalog. Bei kleineren Ausstellungen, die der Bully-Verein selbst organisiert, die aber auch beim VDH angemeldet und genehmigt werden müssen, kostet die Teilnahme 30 bis 35 Euro.

Haben Sie es versäumt, das Meldegeld rechtzeitig zu bezahlen, können Sie dies in der Regel am Tag der Ausstellung direkt vor Ort nachholen, auch wenn dann in den meisten Fällen ein kleiner Meldegeldzuschlag fällig wird. Anderenfalls jedoch kann Ihr Hund nicht an der Ausstellung teilnehmen. Erkundigen Sie sich in jedem Fall vorab auch nach dem üblichen Prozedere. Anreise und Vorbereitung nehmen einige Zeit in Anspruch und es wäre schade, wenn Sie dann nicht antreten könnten.

Dieser prächtige Rüde ist eindeutig showerprobt.

Die Vorbereitung

Haben Sie sich dazu entschlossen, mit Ihrem Hund an einer Ausstellung teilzunehmen, wenden Sie sich am besten zunächst an »Ihren« Züchter. Nichts ehrt ihn mehr, als wenn Tiere aus seinem Zwinger einem breiten Publikum gezeigt werden. Daher wird er Sie gern bei Ihrem Vorhaben unterstützen. Denn wenn Sie Ihren Hund erfolgreich präsentieren wollen, ist einiges zu beachten.

• Sicher haben Sie beim Besuch einer Hundeausstellung schon beobachtet, dass es nicht nur auf das Aussehen eines Hundes ankommt, sondern auch auf sein Benehmen im Ring. Ein Ausstellungshund muss zum Beispiel auch dann völlig gelassen bleiben, wenn der fremde Richter seine Ohren anfassen oder einzelne Gliedmaßen kontrollieren möchte. Üben Sie das rechtzeitig mit Ihrem Hund. Fragen Sie Freunde, ob sie Ihnen dabei helfen können. So lässt sich die Ringsituation gut trainieren: Heben Sie zunächst den Hund auf einen Tisch und sprechen Sie ihm ruhig zu, damit er still stehen bleibt. Im nächsten Trainingsschritt versuchen Sie dann, seine Beinchen parallel zueinander zu platzieren (kein Ausfallschritt) und den Kopf nach oben zu halten. Der Fang sollte geschlossen sein (der Hund sollte nicht hecheln). Auf keinen Fall sollte sich der Hund setzen oder hinlegen. Wenn Ihr Vierbeiner mitmacht, loben Sie ihn ausgiebig und belohnen ihn mit einem Leckerli. Auf diese Weise wird er es nach kurzer Zeit als ganz selbstverständlich hinnehmen, ruhig und ordentlich auf dem Tisch zu stehen. Erst wenn diese Übung zu Hause einwandfrei klappt, sollten Sie sich zu einer Ausstellung anmelden.

• Erkundigen Sie sich bei Ihrer IKFB-Landesgruppe nach einem Ringtraining. Dort zeigen Ausstellungsprofis und ehrenamtliche Ringrichter, wie Sie Ihren Bully mit einfachen Tricks im Ring oder auf dem Bewertungstisch ordentlich zum Stehen bringen. Sie erfahren auch, wie Sie selbst sich im Showring bewegen: Auf gar keinen Fall sollten Sie langsam die Runde entlangschlendern. Zum einen laufen dadurch die Mitbewerber auf. Zum anderen schränken Sie den Bewegungsablauf Ihres Hundes deutlich ein. Nur wenn Sie im schnellen Schritt laufen (nicht joggen), kann sich der Richter einen ersten Eindruck über das Gangwerk machen. Idealerweise schaut Ihr Hund beim Laufen zu Ihnen hoch, was jedoch sehr intensives Training erfordert. Nicht zuletzt erfahren Sie bei einem Ringtraining auch, was die einzelnen Bewertungsformeln im Bewertungsbogen bedeuten.

• Besorgen Sie eine dünne Vorführleine aus Leder oder Nylon – vorzugsweise in der Farbe des Hundes. Sie sollte etwa einen Meter lang sein und hat an einem Ende eine Schlinge, die mithilfe einer kleinen Öse so verstellt werden kann, dass der Hundekopf zwar hindurchpasst, die sich aber zuzieht, damit das Tier im Ring nicht »ausbüchsen« kann. Alternative: ein schmales Metallzughalsband und eine dünne Leine.

Die Ausstellung

Am Tag der Ausstellung selbst erhalten Sie am Ihnen zugewiesenen Ring vom Sonderleiter Ihre Ausstellungsnummer, die gut sichtbar an der Kleidung oder am linken Oberam befestigt werden muss. Beobachten Sie das Showgeschehen aufmerksam und warten Sie, bis Ihre Klasse und Ausstellungsnummer aufgerufen werden. Erst dann begeben Sie sich mit Ihrem Bully in den Ring, reihen sich der Startnummer entsprechend unter die anderen Aussteller ein und befolgen die Anweisungen des Ausstellungsrichters. In der Regel laufen erst alle Aussteller mit ihren Hunden gemeinsam eine große Runde. Halten Sie dabei ausreichenden Abstand zu Ihrem Vordermann. Der Hund wird immer links geführt, damit Sie ihn nicht verdecken.

Nun warten Sie, bis Ihr Hund zur Einzelbewertung gerufen wird. Nochmals fordert der Richter Sie auf, mit Ihrer Französischen Bulldogge zu laufen. Der Hund darf dabei weder ziehen noch zurückbleiben oder in die Leine beißen. Zum Abschluss muss sich der Hund auf dem Richtertisch von seiner besten Seite zeigen – so wie Sie es vorher trainiert haben. Spielen, sitzen oder sich hinlegen gehören nicht in den Ring. Auf keinen Fall sollten Sie die Aufmerksamkeit des Hundes durch ein Spielzeug wecken oder sich von einer zweiten Person außerhalb des Showrings helfen lassen. Dies bezeichnet man in der Fachsprache als »double handling« und kann im schlimmsten Fall zur Disqualifikation führen.

So sollte man sich im Showring präsentieren: Der Mensch ist odentlich gekleidet, der Hund läuft frei und aufmerksam auf der linken Seite.

DER GESUNDE
BULLY

Natürlich will Ihre Französische Bulldogge vor allem, dass Sie genug Zeit zum gemeinsamen Spielen und Spazierengehen finden. Damit sie sich rundum wohlfühlt, braucht es aber auch eine gesunde Ernährung und tägliche Körperpflege.

Artgerechte Ernährung

Was Ihr Bully frisst – und wie viel – trägt entscheidend zu seinem Wohlbefinden sowie zu seiner körperlichen und geistigen Fitness bei. Allerdings verändern sich die Bedürfnisse Ihres Hundes mit den Jahren immer wieder: Ein Bully-Welpe braucht anderes Futter als ein Hundeteenager oder eine ausgewachsene Französische Bulldogge. Im Alter muss dann der Speiseplan noch einmal an die neuen Lebensumstände angepasst werden. Im Zoofachhandel oder beim Tierarzt erhalten Sie heute hochwertige Fertigfuttermittel, die Ihren Hund in jedem Lebensabschnitt mit allen Nährstoffen versorgen, die er tagtäglich braucht. Diese Komplettnahrung enthält Fleisch, Getreide und Gemüse, dazu noch Vitamine und Mineralstoffe, sodass Sie nichts mehr hinzufügen müssen. Natürlich können Sie ab und zu etwas Naturjoghurt oder eine gekochte Kartoffel zum Futter geben. Zur Gewohnheit sollte das aber nicht werden, damit der Hund nicht wählerisch wird und ihm sein »normales« Futter nicht mehr schmeckt. Sollten Sie unsicher sein, was die Ernährung Ihres Hundes betrifft, werden Ihnen Züchter oder Tierarzt sicherlich gerne mit Rat und Tat zur Seite stehen.

Das fressen Bullys

Nass- oder Trockenfutter? Zweimal oder dreimal am Tag? Vor oder nach dem Gassi-gehen? Wenn es ums Füttern geht, gibt es einiges zu beachten. Doch Sie merken schnell, wenn Sie alles richtig machen: Ihr Hund hat Spaß an Spiel und Bewegung, verrichtet ein- bis zweimal am Tag sein Geschäft und hat seidig glänzendes Fell.

Bullys sind ausgesproche-ne Schleckermäuler. Und wer kann so einem sehn-süchtigen Blick schon widerstehen? Dennoch sollten Sie auf eine ge-sunde und ausgewogene Ernährung achten.

Haben Sie eine Katze, wird es sich nicht vermeiden lassen, dass der Bully ab und zu an deren Fut-ter nascht. In Ausnahmefällen ist dies auch nicht weiter schlimm, die Regel sollte es jedoch nicht werden. Denn Katzenfutter ist sehr eiweißreich und der Hund reagiert auf die geballte Ladung Proteine mit Durchfall und Blä-hungen – und er wird dick.

Die Ernährung des Welpen

Im ersten halben Jahr erhält ein Welpe drei klei-nere Portionen Trockenfutter am Tag. Bei der Dosierung können Sie sich in der Regel an die Empfehlung des Herstellers halten, die sich auf der Packung befindet; wenn Sie unsicher sind, ziehen Sie Ihren Züchter oder Tierarzt zu Rate. Es empfiehlt sich zudem, feste Futterzeiten ein-zuhalten. Hat Ihr Hund nach rund 20 Minuten nicht alles gefressen, nehmen Sie ihm den Napf weg und entsorgen die Reste. Denn erstens ver-dirbt das Futter relativ schnell, zweitens ziehen Sie sich ein heikles Schleckermaul heran, wenn der Hund ständig Zugang zum Futter hat.

Nach jedem Fressen muss der Welpe sofort ins Freie, damit er sein Geschäft verrichten kann. Diese feste Tagesstruktur hilft ihm, möglichst schnell stubenrein zu werden.

Weil der Magen eines Welpen noch empfindlich ist, sollten Sie zumindest in den ersten Tagen und Wochen das gleiche Futter geben, das er noch von seinem ersten Zuhause kennt. Fast immer gibt der Züchter den neuen Besitzern gleich ei-nen Sack davon mit oder sagt ihnen, wo sie es kaufen können. Wenn Sie den Welpen abholen, sollten Sie außerdem um einen Fütterungsplan bitten, auf dem der Züchter verzeichnet hat, wann das Hundebaby bisher gefüttert wurde und was ihm besonders gut schmeckt.

Obwohl qualitativ hochwertiges Hundefutter viele wichtige Mineralstoffe enthält, sollten Sie Ihrer Französischen Bulldogge bis zum Alter von etwa 2,5 Jahren zusätzlich spezielle Aufbau-stoffe füttern, die das Wachstum von Sehnen, Bändern und Gelenken unterstützen. Am bes-ten wenden Sie sich an Ihren Tierarzt: Er kann Ihnen nicht nur sagen, was Ihr kleiner Hund jetzt wirklich braucht, sondern vertreibt auch hervorragende Nahrungsergänzungsmittel, die schon in kleinen Mengen optimal wirken. Sie können aber natürlich auch Ihren Züchter fragen, mit welchen Aufbauprodukten er bereits gute Erfahrungen gemacht hat beziehungsweise welche Aufbaustoffe er selbst an seine Hunde verfüttert. Diese sollten Sie dann möglichst weiter füttern. Halten Sie sich dabei immer an die Anweisungen

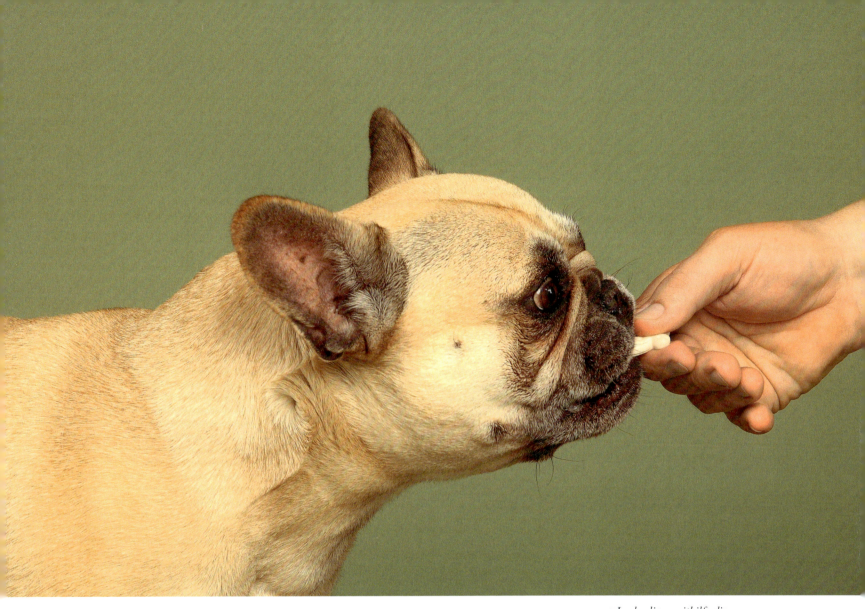

von Züchter oder Tierarzt. Denn zu viele Mineralstoffe können im schlimmsten Fall Stress und Hyperaktivität auslösen, zu Störungen im Wachstum des Skeletts und Bewegungsapparats führen oder Magen-Darm-Probleme und Allergien verursachen. Beobachten Sie daher bei der Zugabe von Mineralstoffen und Zusatzpräparaten das Verhalten Ihres Hundes immer sehr genau – und konsultieren Sie unbedingt Ihren Tierarzt, wenn sich Ihr kleiner Freund zunehmend verändert.

Der Junghund
Nach etwa einem Jahr sollten Sie von Welpenfutter auf normales Hundefutter für erwachsene (adulte) Hunde umsteigen. Nun können Sie die die Tagesration auch auf zwei Mahlzeiten auf-

teilen; bei den Mengen halten Sie sich auch hier an die vom Hersteller empfohlenen Angaben, soweit Ihr Züchter oder Tierarzt nichts anders verordnet hat. Füttern Sie außerdem weiterhin Aufbaustoffe zu, denn Französische Bulldoggen sind Spätentwickler und wachsen sehr lang. Dazu benötigen sie das Plus an Mineralstoffen.

Der erwachsene (adulte) Hund
Eine gesunde, ausgewachsene Französische Bulldogge frisst zweimal am Tag. Idealerweise füttern Sie immer erst nach dem Gassigehen, weil sich der Hund nach dem Fressen nicht viel bewegen sollte; anderenfalls riskieren Sie eine Magendrehung, an der Ihr Bully, wenn sie nicht schnellstmöglich behandelt wird, sterben kann.

»Leckerli« – mithilfe dieses Zauberworts sind die meisten Französischen Bulldoggen bereit, alles zu tun. Belohnen Sie trotzdem immer nur mit gutem Grund und in kleinen Häppchen. Sonst wird der Hund schnell zu dick.

Schon im Babyalter beginnt die genaue Überwachung des Gewichts. Übermäßig gefütterte Tiere haben nicht selten Probleme mit dem Bindegewebe und Knochen (oben). Aufbaustoffe in Form von Pulvern, Tabletten oder Pasten werden gerne angenommen – wie man hier sieht, auch als Belohnung (unten).

Aus demselben Grund sollten Sie nach der Mahlzeit auch nicht miteinander spielen; am besten legt Ihr Freund erst einmal eine Ruhepause ein. Auch beim ausgewachsenen Hund entfernen Sie den Futternapf nach rund 20 Minuten, wenn er bis dahin nicht alles aufgefressen hat. Der große Wassernapf, immer gut gefüllt mit frischem, zimmerwarmem Wasser, muss dagegen rund um die Uhr zugänglich sein.

Senioren

Ältere Französische Bulldoggen neigen, wie die Senioren vieler anderer Rassen auch, leider recht schnell zu Übergewicht. Wenn Ihr Vierbeiner die ersten Altersanzeichen zeigt, sollten Sie die Kost daher auf spezielles Seniorenfutter umstellen. (→ Seite 132/133)

Nass- oder Trockenfutter?

Jeder Hundehalter sieht sich über kurz oder lang mit der Entscheidung zwischen Nass- und Trockenfutter konfrontiert. Obwohl Nassfutter dem Bully außerordentlich schmeckt und von mäkeligen Kandidaten oft besser angenommen wird als Trockenfutter, sollte bei einem gesunden adulten Bully das Trockenfutter überwiegen. Ideal sind zwei Drittel Trocken- und ein Drittel Nassfutter – immer gut durchgemischt.
Der Grund: Nassfutter verleitet Französische Bulldoggen oft zum Schlingen; Zahnstein ist die Folge. Auch die Ausscheidungen der mit Nassfutter ernährten Tiere sind weicher und größer

als bei anderen Hunden, was auf eine schlechtere Verwertung des Futters schließen lässt. Mit Trockenfutter ernährte Hunde haben dagegen meist einen festeren Stuhlgang und – wie die Erfahrung zeigt – deutlich weniger Blähungen. Da das Trockenfutter durch den Kontakt mit Feuchtigkeit erst im Magen des Hundes sein endgültiges Volumen entfaltet, macht es nicht nur länger satt und beugt so Hunger- und Fressattacken vor. Der Kauvorgang mit größeren Trockenfutterkroketten fördert zusätzlich den Abrieb von Zahnstein.
Unabhängig davon, für welches Hundefutter Sie sich entscheiden, sollten Sie immer darauf achten, dass es stets Zimmertemperatur hat. Auf keinen Fall dürfen Sie Nassfutter direkt aus dem Kühlschrank servieren; im schlimmsten Fall kann sich Ihr Bully dadurch eine Magenentzündung einfangen.

Leckerli und andere »Belohnungen«

Kleine Leckerli sollten immer in Reichweite stehen. Sie sind zwar für eine vollwertige Ernährung nicht unbedingt notwendig, erleichtern aber die Erziehung ungemein. Verteilen Sie die Leckerbissen jedoch sparsam; sie sollen keine Nahrungsgrundlage sein, sondern tatsächlich eine Belohnung darstellen, wenn der Hund etwas richtig gemacht hat oder brav war.
Weil Französische Bulldoggen aufgrund ihrer Kieferform sehr schnell unter Zahnstein leiden, sollten Sie Ihrem Hund für die Zahnpflege ab

und an ein hartes Brötchen zum Kauen geben oder ihn regelmäßig bis täglich an einem großen abgekochten Rinderröhren- beziehungsweise Kauknochen nagen lassen. Füttern Sie Kauknochen jedoch nur unter Aufsicht. Denn weil die Bullys gern schlingen, könnten Teile des Knochens im Hals stecken bleiben; das ist gefährlich. Füttern Sie aus demselben Grund keine kleinen Kauknochen, kurze Ochsenziemer und auch keine Schweine- oder Rinderohren.

Betteln verboten

Vermeiden Sie es, Ihre Französische Bulldogge vom Tisch zu füttern. Zum einen ist unser Essen keine artgerechte Kost für Hunde. Zum anderen wird Ihr Vierbeiner dann immer wieder betteln. Was Sie daheim vielleicht noch durchgehen ließen, wird außer Haus schnell lästig, zum Beispiel im Restaurant. Von einem Hund können Sie nicht erwarten, dass er zwischen Heim und Lokal unterscheiden kann.

Übergewicht bei Bullys

In den seltensten Fällen ist Übergewicht eine Folge schwerer Krankheiten. In der Regel ist zu energie- oder zu fettreiches Futter für die übermäßigen Fettpölsterchen beim Bully verantwortlich. Wird der Hund oft vom Tisch gefüttert und hat er dazu noch wenig Bewegung, trägt dies zusätzlich zur Gewichtszunahme bei. Dabei ist das Übergewicht nicht nur ein optisches Problem. Je dicker der Hund ist, desto mehr gesundheitliche

Beschwerden stellen sich ein. Das Atmen fällt ihm schwerer (kurzatmig), das Skelett verändert sich, eine Fettleber entsteht, Diabetes und Herz-Kreislauf-Erkrankungen sind die Folgen. Mit alldem sinkt die Lebenserwartung Ihres Vierbeiners. Um Ihrem Hund ein gesundes, langes Leben zu ermöglichen, sollten Sie daher durch genügend Bewegung und gesunde Ernährung unbedingt auf ein angemessenes Gewicht achten. Die Taille Ihres Bullys sollte bei Idealgewicht von oben leicht sichtbar, seine Rippen gut ertastbar sein. Deutliches Übergewicht liegt vor, wenn der Hund mehr als 15 Prozent des normalen Standardgewichts (je nach Größe und Geschlecht 8–14 Kilo) auf die Waage bringt.

Wie halte ich mit dem Bully Diät?

Sie sind der Meinung, Ihr Bully ist zu dick und sollte unbedingt ein paar Kilo abnehmen? Bevor Sie Ihren Hund auf Diät setzen, sollten Sie erst einmal den Tierarzt um Rat fragen. Meist empfiehlt er lediglich ein »Low-Fat«-Diätfutter, das Sie konsequent nach Vorgabe füttern. Leckerli zwischendurch sind dann ebenso tabu wie die kleine Kartoffel zum Futter oder ein Nüdelchen vom Tisch. Wollen Sie Ihrem Bully unbedingt eine kleine Zwischenmahlzeit gönnen, geben Sie ihm zum Beispiel eine große, geschälte Möhre. Wie beim Menschen hilft neben der energiearmen Kost vor allem viel Bewegung beim Abspecken. Gleichmäßiges Laufen an der Leine bringt Sie Ihrem Ziel schnell näher.

Achten Sie auf das Gewicht Ihres Bullys. Hüftgold ist vor allem im Sommer eine Plage.

111

Pflege und Vorsorge

Wie jeder Hund braucht auch eine Französische Bulldogge ein gewisses Maß an Pflege, damit sie gesund bleibt und hübsch aussieht. Einen Teil übernehmen die Tiere selbst, zum Beispiel indem sie sich das Fell lecken, sich mit den Pfoten über das Gesicht fahren oder sich schütteln, um Wasser oder Schmutz aus dem Fell zu entfernen. Zu allem anderen jedoch benötigen sie die Unterstützung ihres Menschen. Doch keine Sorge: Viel Zeit brauchen Sie nicht einzuplanen und fast immer lässt sich das Pflegeprogramm in die täglichen Schmusezeiten integrieren. Gewöhnen Sie schon den jungen Welpen daran, dass er sich von Ihnen untersuchen lässt. Eine gute Möglichkeit, dies zu trainieren, bietet sich beim täglichen Spielen mit Ihrem Hundekind. Legen Sie einfach ab und zu eine kleine Pause ein und warten Sie, bis der Welpe etwas ruhiger wird. Jetzt beginnen Sie Ihren Hund an Beinen und Bauch vorsichtig abzutasten. Drehen Sie ihn dabei ruhig auch einmal auf den Rücken, oder öffnen Sie ihm das Mäulchen, um die Zähne zu kontrollieren. Hören Sie nicht gleich wieder auf, wenn der Hund »protestiert«. Zeigen Sie sich geduldig, loben und belohnen Sie großzügig – dann wird Ihr Hund auch später keine Probleme mit Bürste und Co. haben. Wenn Sie diese Übung von Anfang an mit einem Kommando konditionieren – zum Beispiel »Zeig Zähne« oder »Untersuchung«, weiß Ihr Welpe später bei einem Tierarztbesuch immer, was von ihm verlangt wird.

Körperpflege

Im Gegensatz zu vielen anderen Gesellschafts- und Begleithunderassen, die langes Haar haben, hält sich der Pflegeaufwand bei der Französischen Bulldogge in Grenzen. Die kurzen Bully-Haare müssen Sie weder stundenlang auskämmen noch regelmäßig waschen - so bleibt mehr Zeit zum Schmusen und Spielen.

Um die Augen des Bullys zu reinigen, wischen Sie sie vorsichtig mit einem weichen, mit lauwarmem Wasser getränkten Tuch von der Nase weg.

Kein Bully lässt sich gern im Gesicht herumwischen. Üben Sie daher gerade die Pflege der vielen Gesichtsfalten schon im Kindesalter; das erspart Ihnen später oftmals einen mürrischen Hund.

Fellpflege

Normalerweise reicht es vollkommen, den Bully ein- bis zweimal in der Woche mit einem weich benoppten Gummihandschuh (aus dem Zoofachhandel) zu »bürsten«. Nur beim Haarwechsel im Frühjahr und Herbst empfiehlt es sich, ihn etwas öfter zu striegeln, weil dann schneller weniger Haare in der Wohnung herumliegen. Kleine weiße Hautschuppen, die lediglich ein optisches »Problem« sind, lassen sich sehr schnell entfernen, indem Sie mit einem Staubtuch aus Mikrofaser über den Rücken des Hundes streichen. Für den Hund ist das genauso angenehm, als würden Sie ihn streicheln.

Baden

Baden sollte eine Bulldogge höchstens drei- bis viermal im Jahr –wenn sie zu sehr nach Hund riecht oder weil sie sich im Dreck gesuhlt hat, was Bullys gerne tun. Weil Hundehaut einen anderen pH-Wert hat als die eines Menschen, sollten Sie dabei nicht Ihr eigenes Shampoo verwenden, sondern ein spezielles rückfettendes Hundeshampoo (zum Beispiel Produkte mit Nerzöl). Zudem sind »normale« Shampoos meist parfümiert, was für uns zwar angenehm duftet, für den Hund jedoch eine regelrechte Qual sein kann.

Zum Baden stellen Sie den Hund in die Wanne oder Dusche und spülen ihn zunächst am ganzen Körper mit hand- bis lauwarmem Wasser ab. Shampoonieren Sie dann das Fell gründlich von vorne nach hinten. Achten Sie dabei ganz genau darauf, dass kein Shampoo in die Ohren, Augen und Nase gelangt. Am besten reinigen Sie daher den Kopf nur mit einem nassen Waschlappen. Zum Schluss spülen Sie alles sorgfältig wieder mit warmem Wasser ab; es dürfen keine Shampooreste im Haarkleid verbleiben.

Hat sich der Hund das Wasser aus dem Pelz geschüttelt, heben Sie ihn heraus und rubbeln ihn mit einem Frotteehandtuch gründlich trocken. Die meisten Bullys lieben diesen Teil des Bades am meisten und grunzen dabei genüsslich vor sich hin. Bei warmem Wetter reicht das Rubbeln, wenn der Hund anschließend nicht in die Zugluft muss. Ansonsten föhnen Sie das Fell auf

der untersten Stufe noch vollständig trocken. Gerade im Winter oder bei kühler Witterung empfiehlt es sich, das Baden auf die Abendstunden zu legen, damit der Hund danach nicht mehr rausmuss, wo er sich verkühlen könnte. Damit die Badeprozedur für alle Beteiligten relativ entspannt verläuft, üben Sie sie am besten schon im Welpenalter: Benetzen Sie in der Dusche die kleinen Pfoten mit Wasser und loben Sie tüchtig, wenn Ihr Hund alles brav über sich ergehen lässt. Richtig baden sollten Sie Ihren Bully vor dem neunten Lebensmonat aber möglichst nicht. Wenn es sich gar nicht vermeiden lässt, zum Beispiel weil er sich beim Spielen komplett in Dreck gewälzt hat, müssen Sie ein spezielles Welpenshampoo aus dem Fachhandel

verwenden. Denn Welpenhaar hat von Natur aus einen höheren Fettgehalt als das eines erwachsenen Hundes und so eine ganz besondere Schutzschicht.

Augenpflege

Kontrollieren Sie täglich die Augen Ihrer Französischen Bulldogge auf Rötungen, Ausfluss und Verletzungen. Diese »Untersuchung« kann ganz nebenbei geschehen, wenn Sie den Hund in einer ruhigen Minute ausgiebig streicheln und liebkosen. Stellen Sie dabei irgendetwas Auffälliges fest, sollten Sie nicht lange zögern, sondern gleich den Tierarzt um Rat fragen, damit Ihrem Hund schnell die richtige Behandlung mit den notwendigen Medikamenten zukommt.

Sommerzeit ist Badezeit. Französische Bulldoggen lieben es, ausgiebig im Wasser zu planschen oder mit dem Rasensprenger zu spielen. Trotz der heißen Temperaturen sollten Sie den Hund anschließend gründlich trocken rubbeln, weil er sich mit seinem kurzen Fell sehr schnell erkälten kann.

Faltenpflege am Bully-Kopf

Die Falten im Gesicht des Bullys sollten wie die Augen täglich mit einem weichen, feuchten Tuch oder mit einem Babyfeuchtpflegetuch (keine Ölpflegetücher) gesäubert werden. Streichen Sie dabei jede Falte vom Auge weg aus, damit Sie nicht versehentlich Schmutzpartikel oder kleine Haare ins Auge befördern. Weil kaum Luft an die Falten gelangt, müssen Sie sie anschließend sorgfältig mit einem weichen Tuch nachtrocknen, damit sich keine Ekzeme bilden.
Gerade bei Schecken ist die Faltenreinigung unerlässlich, da sich sonst unschöne rotbraune Färbungen von der Augenflüssigkeit auf den Gesichtshaaren festsetzen, die nur sehr schwer zu beseitigen sind.

Ohrenpflege

Einmal in der Woche sollten Sie die Ohren Ihres Hundes reinigen. Normalerweise befördert die Französische Bulldogge den Ohrenschmutz nach außen, indem sie ihren Kopf schüttelt. Das dunkle Ohrenschmalz setzt sich dabei im oberen Teil der Ohrmuschel ab, wo Sie es problemlos mit einem Papiertaschentuch oder Babyfeuchtpflegetuch (ebenfalls keine Ölpflegetücher) entfernen können. Mit speziellen Ohrenreinigungsmitteln unterstützen Sie den Reinigungsprozess zusätzlich. Beim Tierarzt oder im Zoofachhandel erhalten Sie Lösungen, deren Flaschen so geformt sind, dass sie beim Hineinträufeln auf keinen Fall zu tief in den Gehörgang eindringen.

Versuchen Sie niemals, die Fledermausohren mit einem Wattestäbchen zu säubern. Die Gefahr, dabei das Ohrinnere zu verletzen, ist sehr groß, weil sich der Bully überraschend schütteln oder weglaufen könnte.

Nasenpflege

Weil Französische Bulldoggen es nicht schaffen, sich mit der Zunge über die Nase zu lecken, kann diese schnell einmal rau werden. In diesem Fall hilft es, die Nase dünn mit Vaseline oder einem Babypflegeöl einzureiben.

Nagelpflege

Die Nägel des Bullys sollten kurz und dick sein. Wenn Ihr Hund regelmäßig auf harten Untergründen läuft (zum Beispiel auf Straßenpflaster), wetzen sich die Nägel ganz von alleine ab. Anderenfalls müssen Sie sie mit einer speziellen Hundenagelschere (Krallenzange) abknipsen. Schneiden Sie sie aber nicht zu kurz, weil in den Nägeln Blutgefäße verlaufen. Werden diese beschädigt, blutet es stark und der Hund hat Schmerzen. Am besten lassen Sie sich gleich bei der zweiten Impfung im Welpenalter vom Tierarzt zeigen, wie es geht und was Sie beachten müssen. Dann gibt es später keine Probleme. Wenn der Hund nicht gern Pfötchen gibt und beim Schneiden nicht ruhig hält, ist es ratsam, die Krallenpflege zu zweit anzugehen: Während der eine den Bully festhält, kürzt der andere vorsichtig die Nägel.

Es gibt nichts Schöneres, als einen lebenslustigen gesunden Bully sein Eigen zu nennen, der immer zum Spielen aufgelegt ist. Auch auf Ausstellungen sollten nur wirklich gesunde Hunde gezeigt werden.

Pfotenpflege

Kontrollieren Sie in regelmäßigen Abständen die Pfoten Ihres Vierbeiners, um zu prüfen, ob er sich einen Fremdkörper eingetreten hat; schauen Sie auch zwischen den Zehen nach. Wenn Sie nichts entdecken können, obwohl Ihr Hund auffällig läuft, sollten Sie den Tierarzt zu Rate ziehen. Auch bei Rötungen zwischen den Zehen (der Bully leckt sich beständig die Zehen und Pfoten) sollten Sie einen Veterinär aufsuchen, um zu prüfen, ob es sich um einen Ausschlag oder Ähnliches handelt (zum Beispiel Herbstgrasmilbe, → Seite 128).

Hirschtalg aus der Drogerie oder Apotheke oder spezielle Pfotenpflegecremes aus dem Zoofachhandel eignen sich gut für die Pfotenpflege. Tragen Sie sie nach dem Spazierengehen auf – oder noch besser vor dem Schlafengehen. Dann verteilt der Hund sie nicht in der Wohnung.

Zähne

Französische Bulldoggen neigen stärker als andere Hunde zum Zahnstein, weil sie die Nahrung gerne hinunterschlingen, anstatt sie zu zerkauen. Wird der Zahnstein nicht behandelt, kann es zu schweren Zahnfleischentzündungen kommen; im schlimmsten Fall verliert der Hund sogar Zähne. Damit es erst gar nicht so weit kommt, sollte Ihr Bully regelmäßig an harten Brötchen oder Röhrenknochen nagen (→ Seite 110/112). Lassen Sie zudem bei jedem regulären Tierarztbesuch auch das Gebiss Ihres Vierbeiners kontrollieren.

Die Temperamentsbündel lieben es, im Schnee zu spielen. Anschließend sollten Sie Ihren Bully immer gut trocken reiben, damit er nicht friert.

Ein spezielles Zahngel aus dem Zoofachhandel hilft, Belägen, Zahnstein und Entzündungen vorzubeugen. Verteilen Sie es morgens und abends nach dem Füttern mit dem Finger im Maul des Hundes oder pressen Sie es – wenn er es zulässt – direkt aus der Tube hinein.

Leidet der Bully an Zahnfleischentzündungen, üblem Mundgeruch oder sind seine Zähne sehr gelb, kann der Tierarzt bei gesunden und nicht zu alten Hunden den Zahnstein unter Narkose schmerzlos entfernen (Kosten etwa 130 Euro). Damit sich diese Prozedur tatsächlich lohnt, sollten Sie anschließend unbedingt darauf achten, dass sich nicht gleich wieder Zahnstein bildet. Beherzigen Sie die Tipps zur Mundpflege und stellen Sie notfalls das Futter um.

Der Bully im Sommer

Wie für uns Menschen ist auch für eine Französische Bulldogge der Sommer mit die schönste Jahreszeit. Kaum steigen die Temperaturen, nehmen die Vierbeiner voll Wonne ein Sonnenbad. Wohl jeder Bully-Besitzer weiß, wie schwer es ist, den Hund davon zu überzeugen, sich doch ein Schattenplätzchen zu wählen. Doch bei aller Sonnenliebe: Wenn Sie nicht aufpassen, kann der Hund leicht einen Hitzschlag erleiden (→ Seite 128/129). Die ersten Warnsignale und Symptome sind starkes Hecheln und vermehrter Speichelfluss, teilweise Erbrechen und Durchfall; auch bei gestörten Bewegungsabläufen und wenn das Tier taumelt, liegt der Verdacht auf einen Hitzschlag nahe. Gehen Sie in diesem Fall auf Nummer sicher und messen Sie die Temperatur Ihres Bullys. Klettert das Thermometer auf über 40 Grad, besteht die Gefahr eines Kreislaufzusammenbruchs.

Bei großer Hitze ist es nicht unbedingt ratsam, längere Strecken mit der Französischen Bulldogge zu laufen. Damit Spaziergänge und Spielaktivitäten auch im Sommer trotzdem nicht zu kurz kommen, sollten Sie sie in die frühen Morgenstunden und auf den Abend verlegen. Kommen Sie dennoch in Verlegenheit, tagsüber mit dem Hund unterwegs zu sein, sollten Sie stets eine kleine Schüssel und frisches Wasser im Gepäck haben; auch ein nasses Gästehandtuch zum Kühlen hat sich bewährt.

Lassen Sie Ihren Bully im Sommer nie im Auto warten. Auch wenn die Fenster geöffnet sind, heizt sich der Wagen innerhalb kürzester Zeit auf. Und weil die Sonne schnell wandert, ist selbst ein Schattenplatz keine Garantie. Unter diesen Voraussetzungen ist es besser, Sie lassen Ihren Vierbeiner zu Hause oder bitten Freunde, auf ihn aufzupassen.

Der Bully im Winter

Wie jeder Hund liebt es auch die Französische Bulldogge, im Winter ausgiebig im Schnee herumzutollen, nach Schneebällen zu jagen oder Schneeflocken zu fangen. Das vermeintlich schlechte Wetter mindert ihre Freude am Gassigehen mitnichten. Sie müssen auch keine Sorge haben, dass Ihr Hund mit seinem kurzen Fell friert. Ein ausgewachsener Bully verfügt über genug Abwehrkräfte und das eine oder andere kleine Fettpölsterchen, das ihn in der Regel gesund und munter durch die kalte Jahreszeit kommen lässt.

Es wäre aber sicher auch falsch zu sagen, dass Französische Bulldoggen nie frieren. Eben weil sie keine Unterwolle haben und der Bauch nicht gerade dicht behaart ist, neigen sie dazu zu frösteln. Spazieren gehen und herumtollen ist das eine, bewegungslos in der Kälte zu stehen, weil Sie zum Beispiel gerade einen Plausch mit der Nachbarin halten, das andere. Wenn sich Ihr Vierbeiner nicht bewegt, friert er bald und beginnt zu zittern. Gehen Sie dann nicht schnell zügig weiter, ist eine Erkältung vorprogrammiert. War es draußen nass, reiben Sie Ihren Hund nach dem Spaziergang gut mit einem Handtuch ab oder pusten ihn mit dem Föhn trocken (niedrigste Stufe). Vergessen Sie dabei auch die Pfoten nicht: Zwischen den Zehen können sich leicht kleine Schneeklumpen, Steinchen oder Streusalzreste festsetzen und Schmerzen bereiten. Durch die Feuchtigkeit bilden sich außerdem leicht Ekzeme und Entzündungen. Zwischen Zehen und Ballen zeigen sich dann rote oder auch schon wunde Stellen; der Hund leckt auffällig oft und intensiv die Pfoten. Ist es sehr schlimm, beginnt er gar zu humpeln oder zieht die Pfote hoch. Ein Besuch beim Tierarzt ist dann dringend nötig, weil das Tier medikamentös behandelt werden muss.

Erwischen Sie Ihren Hund dabei, wie er Schnee frisst, halten Sie ihn mit einem scharfen »Pfui« davon ab. Denn allzu schnell folgt darauf eine üble Magen-Darm-Verstimmung (→ Seite 129).

Wenn Sie in der kalten Jahreszeit länger unterwegs sind, sollten Sie immer eine kleine Decke und ein Handtuch bei sich haben. Kommen Sie zum Auto zurück oder kehren Sie zwischendurch in einem Gasthaus ein, können Sie Ihren Hund damit abreiben und er muss nicht auf dem kalten Boden liegen.

GESUNDHEITSVORSORGE UND KRANKHEITEN

Wann immer Sie Krankheitszeichen oder auffällige Veränderungen im Verhalten an Ihrem Vierbeiner erkennen, sollten Sie sich so schnell wie möglich an den Tierarzt wenden. Er kann die richtige Diagnose stellen und die entsprechende Behandlung einleiten.

Kranker Hund

Wenn Sie von klein auf mit Ihrem Hund üben, sich von fremden Personen an allen Körperstellen anfassen, abtasten und ins Maul schauen zu lassen, wird er beim Tierarzt keine Probleme machen. Schauen Sie außerdem vor der ersten »echten« Behandlung schon ein paarmal einfach so in der Praxis vorbei, damit Ihr Vierbeiner später keine Angst hat. Er weiß dann, dass ihm dort nichts passiert. Und ein paar Leckerli fallen auch noch für ihn ab. All das hilft, damit der Tierarztbesuch für beide Seiten – Mensch und Hund – so stressfrei wie möglich abläuft.

Einige Tierkliniken bieten sogar spezielle »Welpen beim Veterinär«-Stunden an, während der sich der kleine Hund die Praxis inklusive Behandlungstisch in entspannter Atmosphäre ansehen kann. Der Tierarzt wird Ihnen darüber hinaus Übungen für zu Hause zeigen, damit Sie mit dem Welpen oder Junghund für den Arztbesuch trainieren können. Informieren Sie sich im Internet oder direkt bei der nächsten Tierklinik, ob und wann entsprechende Übungsstunden angeboten werden.

Regelmäßige Gesundheitsvorsorge

Die Französische Bulldogge ist nicht krankheitsanfälliger als andere Hunde. Sie ist sogar auffallend robust und lässt sich nicht immer sofort anmerken, wenn ihr etwas fehlt. Doch wenn Sie sich viel mit Ihrem Hund beschäftigen, erkennen Sie eventuelle Beschwerden und Erkrankungen bestimmt rasch.

Damit Ihr Hund gesund bleibt, müssen Sie ihn von Welpenbeinen an in regelmäßigen Abständen impfen lassen. Anderenfalls kann er sich lebensbedrohliche Krankheiten einfangen, von denen bisweilen auch für den Menschen eine Ansteckungsgefahr ausgeht, wie zum Beispiel bei Tollwut oder Leptospirose. Die Grundimmunisierung beginnt schon beim Züchter, wenn die Welpen erst wenige Wochen alt sind. Nach weiteren Impfungen im Welpenalter sind im Abstand von ein bis zwei Jahren Auffrischungen nötig. Abhängig von den angewandten Medikamenten empfehlen manche Tierkliniken wie auch der Tierärzteverband BPT sogar noch größere Impfabstände. Aus gesundheitlicher Sicht ist dagegen sicher nichts einzuwenden. Allerdings kann es sein, dass der Impfschutz bei Urlaubsreisen in ferne Länder oder in manchen Hundepensionen nicht anerkannt wird. Den genauen Impfplan entnehmen Sie dem Impfbuch, das Sie beim Kauf Ihres Bullys vom Züchter erhalten und in dem der Tierarzt jeweils den nächsten Impftermin einträgt. Wenn Sie darum bitten, benachrichtigen viele Praxen Ihre Kunden sogar telefonisch oder per Post, kurz bevor der nächste Termin fällig ist. In der Regel empfehlen Tierärzte für Hunde folgende Impfungen:

Hepatitis Die ersten Symptome dieser in der Regel tödlich verlaufenden Viruserkrankung sind Fieber, Fressunlust, Augen- und Nasenausfluss sowie Erbrechen. Der Hund reagiert außerdem empfindlich auf Berührungen im Bereich der Leber. Hunde, die die Erkrankung überstanden haben, können noch monatelang Viren ausscheiden und weiterverbreiten. Für Menschen nicht ansteckend.
• Die erste Impfung erfolgt zwischen der 8. und 10. Lebenswoche, die zweite in der 11. bis 14. Woche. Zur Auffrischung wird im Zweijahresrhythmus erneut geimpft.

Leptospirose Bakterielle Infektionskrankheit (Stuttgarter Hundeseuche), die auch für den Menschen ansteckend ist. Sie wird durch Mäuse und Ratten übertragen und macht sich durch Schmerzen, Magen- und Darmprobleme bemerkbar; Augen und Zunge sind gelb, der Hund hat Fieber. Frühzeitig erkannt ist die Krankheit in der Regel heilbar.
• Impfung im Welpenalter (8. bis 10. Woche und 11. bis 14. Woche); jährliche Auffrischung.

Parvovirose Virusbedingte Darmerkrankung, die vor allem Junghunde befällt, deren Immunsystem noch nicht komplett entwickelt ist, und fast immer tödlich endet. Die Krankheit beginnt mit hohem Fieber und Appetitlosigkeit; der Hund wirkt aphatisch. Schwerer, oftmals blutiger Durchfall führt zu Austrocknung und starker Gewichtsabnahme.
• Die erste Impfung erfolgt in der 6. bis 8. Lebenswoche, die zweite zwischen der 11. und 14. Woche. Jährliche Auffrischung.

Auch auf dem Weg zum Tierarzt, muss der Hund im Auto gesichert werden.

Staupe Meist tödlich verlaufende Infektionskrankheit, die mit hohem Fieber, Augen- und Nasenausfluss sowie Nahrungsverweigerung einhergeht. Die Ansteckung erfolgt meist über infizierte Artgenossen. Die Viren können aber auch an Schuhen und Kleidung eine Zeit lang überleben und auf Welpen übertragen werden.
• Nach den beiden ersten Impfungen (sie erfolgen in der 8. bis 10. Lebenswoche und nochmals zwischen der 11. und 14. Woche) ist alle zwei Jahre eine Auffrischung nötig.

Tollwut Die Ansteckung erfolgt über den Speichel (Biss) eines befallenen Tieres, aber auch durch den Kontakt zu seinen Ausscheidungen (Urin, Kot). Klassische Symptome sind Spei-

chelfluss, Durchfall, Wesensveränderungen und epileptische Krämpfe sowie aggressive Angriffslust (daher auch der Name). Tollwut ist auch auf den Menschen übertragbar.
• Den beiden Grundimpfungen in der 8. bis 10. Lebenswoche und 11. bis 14. Woche folgt eine jährliche Auffrischung.

Zwingerhusten Trockener Husten, der von Augen- und Nasenausfluss begleitet wird und sich zu einer schweren Lungenentzündung entwickeln kann. Früh erkannt lässt sich Zwingerhusten in der Regel gut behandeln.
• Der Grundimmunisierung im Welpenalter (6. bis 8. Lebenswoche sowie 11. bis 14. Woche) folgt eine jährliche Auffrischung.

Typische Krankheiten von A–Z

Die nachfolgenden Erkrankungen kommen bei Französischen Bulldoggen immer wieder einmal vor. Bei einigen können Sie selbst Erste Hilfe leisten. Trotzdem sollten Sie so schnell wie möglich einen Tierarzt aufsuchen, wenn Sie den Verdacht haben, dass mit Ihrem Hund etwas nicht stimmt oder er eines der genannten Symptome zeigt.

Die normale Körpertemperatur eines Bullys liegt zwischen 37,5 und 38,5 Grad. Zum Messen fetten Sie ein handelsübliches digitales Fieberthermometer mit Vaseline und führen es in den After des Hundes ein. Eine erhöhte beziehungsweise zu niedrige Temperatur ist immer ein Zeichen dafür, dass Ihr Hund krank ist. Daher sollten Sie bei auffälligen Hunden immer Fieber messen.

Analdrüsenverstopfung Jeder Hund hat zwei Analdrüsen, die mit dem After verbunden sind. Ihr Sekret dient unter anderem der Identifizierung (»Analgesicht«) sowie der Markierung des Territoriums. Normalerweise entleeren sich die Analdrüsen automatisch, wenn der Hund Kot absetzt. Ist dieser jedoch von zu weicher Konsistenz, kann es passieren, dass Sekret in den Drüsen zurückbleibt. Bakterien vermehren sich und rufen gegebenenfalls Entzündungen hervor. Der Hund rutscht dann mit seinem Hinterteil auf dem Boden entlang (»Schlittenfahren«), in der Hoffnung, damit den starken Juckreiz zu lindern. In manchen Fällen kommt es zu Schwellungen an beiden Seiten des Afters und klebrige, blutige Flüssigkeit tritt aus.
• Wenn Sie diese Symptome bemerken, sollten Sie den Tierarzt aufsuchen. Er drückt die Analdrüsen aus und spült sie bei Bedarf mit einem entsprechenden Medikament.

Atemnot Wenn ein Insekt Ihren Bully ins Maul sticht oder er etwas verschluckt, das sich in der Speiseröhre spreizt, bekommt er nur noch schwer Luft – und kann im schlimmsten Fall ersticken. Er röchelt und pfeift beim Atmen und/oder hechelt stark. Zieht er die Lefzen hoch auf und verfärbt sich die Zunge blau, besteht akute Lebensgefahr.
• Suchen Sie so schnell wie möglich einen Tierarzt in nächster Nähe auf. Er kann im Notfall operativ eingreifen.

Augenerkrankungen Die großen Augen der Französischen Bulldogge können sich leicht entzünden. Die Augenränder sind dann gerötet, die Augen selbst sondern Sekret und Tränen ab.
• In der Regel lässt sich die Entzündung gut behandeln, wenn Sie schnell zum Arzt gehen, der ein entsprechendes Medikament verschreibt. Um auszuschließen, dass die Hornhaut des Hundes verletzt wurde, träufelt der Veterinär eine grünlich gelbe Flüssigkeit ins Auge, die eventuelle Schäden sichtbar macht. Die Hornhaut kann zum Beispiel dann beschädigt werden, wenn der Bully sich mit der Pfote im Auge kratzt oder sich beim Stöbern im Gebüsch verletzt. Mit entsprechenden Salben und Augentropfen heilt das Auge meist schnell wieder.

Bronchitis Der Hund hustet, hat Probleme mit der Atmung und unter Umständen eine erhöhte Temperatur. Allerdings ist nicht jedes Hüsteln gleich eine Bronchitis.
• Wenn Ihr Hund ständig unter einem quälenden Husten leidet (vergleichbar mit dem eines Menschen), sollten Sie zum Tierarzt gehen. Er kann Ihnen zeigen, wie sich der Husten lindern lässt (zum Beispiel durch das Inhalieren von Kochsalzlösung), oder verschreibt in schweren Fällen ein entsprechendes Medikament.

Demodex Durch Milben hervorgerufene Rötungen, die mit intensivem Jucken und eitriger Hautentzündung einhergehen. Im Verlauf der

Krankheit verliert der Hund stellenweise Haare (meist kreisrund), auf der kahlen Hautfläche bilden sich Krusten.

• Bei Krankheitsverdacht sollten Sie so bald wie möglich den Tierarzt aufsuchen. Er schabt mit dem Skalpell an der betroffenen Stelle ein wenig Haut ab und untersucht sie anschließend unter dem Mikroskop. Entdeckt er tatsächlich Milben, müssen Sie die betroffenen Partien zwei- bis dreimal am Tag mit einer speziellen Lösung einreiben. Zudem verschreibt der Arzt ein entsprechendes Shampoo und spritzt in regelmäßigen Abständen ein Medikament. Bleiben die Symptome unbehandelt, entwickelt sich eine Immunschwäche, die für den Bully lebensbedrohliche Folgen haben kann.

Durchfall Dünnflüssiger Kot und häufiger Kotabsatz, oft begleitet von erhöhter Körpertemperatur, kann verschiedene Ursache haben. Zu den häufigsten zählen Futterumstellung, Magen- und Darmerkrankungen sowie Infektionen. Besonders gefährlich ist Durchfall bei Welpen, weil diese sehr schnell austrocknen können.

• Nach dem Arztbesuch, der auch hier unerlässlich ist, um eine schwere Erkrankung auszuschließen, sollten Sie einen Tag mit dem Futter aussetzen und Ihrem adulten Bully nur leichten Kamillentee oder Baby-Bäuchlein-Tee zu trinken geben. Danach füttern Sie den Hund die nächsten zwei bis drei Tage alle zwei Stunden esslöffelweise mit gekochtem Reis und Geflügelfleisch (ohne Haut).

Ein gesunder Bully muss nicht öfter zum Tierarzt als andere Hunde auch. Wenn er aber doch einmal krank wird, sollte es im Wartezimmer so entspannt zugehen wie bei diesen beiden. Sie haben bisher nur gute Erfahrungen beim Doktor gemacht.

In der freien Natur kann Ihr Vierbeiner nach Herzenslust toben. Je heißer es draußen ist, desto wichiger ist es, dass er dabei nicht überhitzt. Denn das kann schwere gesundheitliche Folgen haben. Also: Nichts wie rein ins kühle Nass.

Die Behandlung eines Welpen muss mit dem Tierarzt besprochen werden.

Herbstgrasmilbe Diese Milbe vermehrt sich vor allem in den warmen Sommermonaten sehr stark und beißt die Hunde meist zwischen die Zehen oder am Bauch. Der Hund leckt und kaut ständig an seinen Pfoten und/oder versucht, sich am Bauch zu lecken; an den betroffenen Partien sind Rötungen und kleine Pusteln sichtbar.
• Die Stiche lassen sich mit Juckreiz lindernden Shampoos und kühlenden Lotionen behandeln; oft hilft es auch schon, wenn Sie nach jedem Spaziergang die Zehenzwischenräume mit einem feuchten Lappen sauber wischen und danach gut trocknen. Da die entzündete Haut weiter

Infektionen nach sich ziehen kann, sollten Sie im Zweifelsfall den Tierarzt um Rat fragen.

Hitzschlag Die ersten Warnsignale und Symptome sind starkes Hecheln und vermehrter Speichelfluss, teilweise auch Erbrechen und Durchfall; der Bewegungsablauf ist gestört, der Hund taumelt. Seine Körpertemperatur steigt auf über 40 Grad. Im schlimmsten Fall bricht der Kreislauf ganz zusammen.
• Behalten Sie die Ruhe und handeln Sie nicht überstürzt, das würde den Hund zusätzlich belasten. Bringen Sie das Tier in eine kühlere Umgebung und kühlen es mit feuchten Tüchern – zuerst die Beine, dann den Bauch, die Brust, den Rücken und zuletzt den Kopf (das Tuch alle

zwei bis drei Minuten in kaltem Wasser »auffrischen«). Vorsicht: Zu schnelles Abkühlen kann einen Schock herbeiführen. Daher sollte das Wasser nicht zu kalt sein und das Tuch nicht zu lange auf der Haut liegen. Eine Massage der Gliedmaßen (Pfoten und Beine fest streicheln und kneten) regt den Kreislauf an. Auch drei bis vier Teelöffel schwarzer Kaffee wirken belebend. Trinken dagegen sollte der Hund wenig – und allenfalls schluckweise. Ist er bewusstlos, dürfen Sie gar keine Flüssigkeit einflößen, weil er daran ersticken könnte. Nach der Erstversorgung sollten Sie Ihren Vierbeiner dann umgehend zum Tierarzt bringen.

Insektenstiche Stiche im Rachenraum und im Maul sind für Bullys wegen ihrer kurzen Schnauze besonders gefährlich. Die durch das Insektengift hervorgerufenen Schwellungen können die Atmung des Hundes schwer beeinträchtigen und zu Erstickungsanfällen führen (→ Atemnot).
• Wurde Ihre Französische Bulldogge von einer Biene oder Wespe gestochen, entfernen Sie gegebenenfalls den Stachel mit einer Pinzette und kühlen die geschwollene Stelle.

Magen-/Darmverstimmung Erbrechen und Durchfall deuten fast immer darauf hin, dass sich der Bully den Magen verdorben oder eine Infektion eingefangen hat.
• Lassen Sie den adulten Bully einen Tag hungern und fütten Sie ihn dann langsam mit Reis

und gekochtem Huhn an (→ Durchfall). In den meisten Fällen lässt sich durch diese einfache Maßnahme das gesundheitliche Wohlbefinden schnell wiederherstellen. Halten die Beschwerden an oder sind sie besonders stark ausgeprägt, ist ein Arztbesuch unumgänglich.

Ohrenmilbe Durch die Stiche dieser Milben, die die innere Ohrmuschel und den äußeren Gehörgang besiedeln, sondert das Ohr vermehrt braunes Ohrenschmalz ab. Starker Juckreiz und gerötete Ohrmuscheln sind die Folge – bis hin zu Ohrenentzündungen. Der Bully schüttelt sich und kratzt ständig an den Ohren.
• Bei Verdacht oder wenn Sie Milben entdeckt haben (sie sind meist rostrot und riechen) verschreibt der Tierarzt eine Lösung, die Sie zwei- bis dreimal am Tag in beide Ohren träufeln (zur Vorsorge auch in das nicht betroffene).

Verschiebbare Kniescheibe (angeboren) Bei dieser vererbbaren Kniescheibenerkrankung ist die Knochenrinne des Oberschenkels, in der die Kniescheibe (Patella) sitzt, zu flach, weshalb die Kniescheibe beim Laufen immer wieder einmal plötzlich herausspringt. Die betroffenen Hunde hüpfen beim Gassigehen plötzlich auf drei Beinen, laufen aber schon nach vier, fünf Schritten wieder ganz normal weiter.
• Die Erkrankung ist sehr schmerzhaft für den Hund. Eine genaue Untersuchung beim Veterinär mit entsprechender Röntgenuntersuchung kann

Immer wieder kommt es vor, dass angeborene Veränderungen an der unteren Wirbelsäule (Keilwirbel) der Bullys zu Bandscheibenvorfällen führen. Weil man die deformierten Wirbel nicht behandeln kann, versucht man das Fehlmerkmal durch gezielte Zucht zu vermeiden. Zur Zucht vorgesehene Französische Bulldoggen werden bereits mit etwa zwölf Monaten geröntgt und dann in Schweregradklassen eingeteilt (vergleichbar mit HD-Untersuchungen bei anderen Rassen) und bei schlechtem Befund von der Zucht ausgeschlossen.

Worauf diese fünf Rabauken wohl warten? Möglicherweise schaut ja der Tierarzt mit den guten Leckerli vorbei.

Aufschluss über den Schweregrad geben. In einigen Fällen bringt eine Physiotherapie (zum Beispiel regelmäßiges Wassertreten) Linderung, weil sie die Bänder festigt, die die Kniescheibe halten. In anderen Fällen ist eine Operation an der Kniescheibe unumgänglich. Um den Hunden Schmerzen und langwierige Operationen von vornherein zu ersparen, versuchen verantwortungsvolle Züchter jedoch, das Fehlmerkmal durch gezielte Zuchtauswahl zu vermeiden.

Würmer Durch den Kontakt zu Mäusen, Flöhen und anderen infizierten Tieren sowie durch rohes Fleisch kann ein Hund Würmer bekommen. Typische Symptome für einen Befall durch diese Schmarotzer sind Durchfall, Abmagerung und ein stumpfes Haarkleid; außerdem rutscht der Hund auffällig oft mit dem Hinterteil über den Boden (»Schlittenfahren«). Was für das Tier anfangs vielleicht nur lästig erscheinen mag, kann auf Dauer lebensbedrohlich werden.
• Damit es erst gar nicht so weit kommt, sollten Sie Ihren Bully im Abstand von drei bis vier Monaten entwurmen – diese Behandlung ist auch zu Ihrem eigenen Interesse, da die Würmer auf den Menschen übertragbar sind. Öfter sollten Sie die Wurmtabletten aber nicht geben, weil die Kur den Kreislauf belasten kann. Entsprechende Tabletten erhalten Sie auf Rezept in der Apotheke oder direkt beim Tierarzt. Dort erfahren Sie auch, wie viele Tabletten Ihr Hund einnehmen muss.

Der richtige Tierarzt

Eine Französische Bulldogge ist nicht einfach nur ein Hund. Das werden Sie spätestens dann merken, wenn Sie einen guten Veterinär benötigen. Denn nicht alle Tierärzte kennen sich mit den spezifischen Bedürfnissen und Problemen von Kurzschnauzen aus. Die Suche nach dem richtigen Doktor lohnt sich daher auf jeden Fall.

So wie Sie selbst zum Facharzt gehen, wenn Sie krank sind, ist es auch wichtig, den richtigen Doktor für Ihren Hund zu finden. Suchen Sie daher unbedingt nach einer Praxis, in der man sich mit dieser Rasse auskennt. Nehmen Sie notfalls auch einen weiteren Anfahrtsweg in Kauf, auch wenn Ihr Bully »nur« geimpft werden muss. Es ist immer von Vorteil, wenn der Tierarzt den »Lebenslauf« Ihres Vierbeiners von Anfang an kennt.

So finden Sie eine gute Praxis

Am besten fragen Sie bereits Ihren Züchter, ob er eine gute Adresse in Ihrer Nähe kennt. Auch wenn Sie weiter weg wohnen, lohnt es sich nachzuhaken. Vielleicht hat er schon einen Welpen in ihre Region verkauft und kann daher in Erfahrung bringen, wo sich die nächste geeignete Tierklinik oder Praxis befindet. Oder er nennt Ihnen die Telefonnummer der betreffenden Hundehalter, damit Sie sich mit ihnen in Verbindung setzen und von ihren bisherigen Erfahrungen profitieren können.

Sollte dieser Versuch fehlschlagen, müssen Sie sich selbst auf die Suche machen. Wenden Sie sich zunächst an die größeren Kliniken. Dort arbeitet in der Regel ein ganzes Team von Veterinären, sodass mit großer Wahrscheinlichkeit auch ein Experte für Kurzschnauzen dabei ist. Fragen Sie trotzdem bereits am Telefon nach einem Bully-Spezialisten – und suchen Sie weiter, wenn man Ihre Frage verneint.

Sonne, Sand und stickige Luft – einen gesunden Bully kann so leicht nichts erschüttern. Er bekommt genug Luft und hat keine Probleme beim Hecheln.

Sind Sie fündig geworden, vereinbaren Sie zunächst einen Besprechungs- oder Vorstellungstermin, um sich selbst ein Bild von Ihrem zukünftigen Tierarzt zu machen. Steht er Ihnen und Ihrem Bully offen und freundlich gegenüber und ist auch das Personal nett und hilfsbereit? Ist die Praxis sauber und aufgeräumt? Scheuen Sie sich auch nicht zu fragen, ob noch weitere Französische Bulldoggen oder andere Kurzschnauzen unter seinen Patienten sind, wie zum Beispiel Griffons oder Möpse. Kann der Tierarzt auch dies bestätigen, haben Sie den richtigen Mann beziehungsweise die richtige Frau endlich gefunden. Herzlichen Glückwunsch!

Wenn der Bully alt wird

Durch die Bemühungen verantwortungsvoller Züchter ist die Lebenserwartung der Französischen Bulldoggen in den letzten zehn Jahren deutlich gestiegen. Lange Zeit waren Französische Bulldoggen von zehn oder elf Jahren eher die Ausnahme – heute ist dies das durchschnittliche Alter.

An dem Tag, an dem man sich einen Welpen ins Haus holt, mag man noch nicht daran denken, dass der putzige Kerl eines Tages alt und gebrechlich wird. Trotzdem sollte man diesen Gedanken nicht zu weit von sich wegschieben und schon in jungen Hundejahren bestmöglich für das Alter vorsorgen. Auch die Züchter achten durch Auswahl und gezielte Verpaarung auf die Langlebigkeit und Gesunderhaltung ihrer Tiere. Bis in die 1990er-Jahre starben die meisten Bullys relativ früh, weil sie schwerwiegende Probleme unter anderem mit den Bandscheiben hatten. Viele Züchter legten damals zudem Wert auf einen sehr kurzen, übertypisierten Fang. Aber auch die genetischen Veranlagungen spielen, wie beim Menschen, eine wichtige Rolle in Bezug auf das zu erwartende Alter. Wer langlebige Vorfahren hat, kann in der Regel auch selbst ein hohes Alter erreichen. Nicht zuletzt ist es natürlich auch der guten medizinischen Behandlung und den speziellen Futtermitteln und Aufbaustoffen zu verdanken, dass Bullys heute so alt werden.

Ab wann ist der Bully alt?

Wie bei jedem Lebewesen geht die Zeit auch an einer Französischen Bulldogge nicht spurlos vorüber. Irgendwann werden Sie rund um ihre Schnauze oder auch am Kopf weiße Härchen bemerken. Der Vierbeiner ist nicht mehr ganz so bewegungsfreudig wie früher. Seine Schlaf- und Schnarchstündchen werden länger und was Ihren Bully bisher unglaublich aufgeregt hat –

beispielsweise, dass Nachbars Katze über den Zaun springt oder der Staubsauger brummt, wird immer öfter ohne Reaktion hingenommen. Ihr Bully wird gebrechlicher und mit den Jahren schleicht sich so manches Wehwehchen ein. Knochen und Gelenke zeigen erste Verschleißerscheinungen: Der Bully »schlurft« mit den Vorder- und Hinterpfoten und knickt beim Laufen mit den Hinterläufen ein. Vielleicht merken Sie auch, dass der Appetit Ihrer Französischen Bulldogge nicht mehr so groß ist oder dass sie beim Futter viel wählerischer ist. Oft liegt dies daran, dass Ihr Hund Probleme mit den Zähnen hat – zum Beispiel weil sie sich im Laufe der Jahre abgenutzt haben oder Zahnstein entzündliche Stellen verursacht hat. Auch wenn diese Entzündungen nur schwer ausheilen und zudem starken Mundgeruch verursachen, raten Tierärzte bei älteren Tieren von einer Zahnsteinentfernung ab. Denn die dazu notwendige Narkose ist für gesundheitlich nicht (mehr) topfite Hunde eine zu große Belastung. Lassen Sie sich daher beraten, wie Sie stattdessen mit speziellen Zahnpflegeprodukten aus dem Tierfachhandel Abhilfe schaffen (→ auch Seite 118). Stellen Sie zudem das gewohnte Futter langsam auf seniorengerechte Nahrung um. Diese Kroketten sind nicht nur an die spezifischen Zahnprobleme alter Hunde angepasst, sondern haben auch weniger Kalorien. Denn wenn Sie eine Französische Bulldogge einfach weiterfüttern wie in jungen Jahren, neigt sie schnell zu Überge-

Auch im Alter sind Bullys neugierig wie eh und je.

Um in Würde alt und grau zu werden, sollte der Bully bis ins hohe Alter aktiv sein dürfen. Mit Suchspielen und anderen Übungen fordern Sie ihn auch geistig. Seien Sie aber nicht zu verschwenderisch mit Belohnungsleckerli, denn Ihr Hund nimmt jetzt noch schneller zu als in jungen Jahren.

wicht. Und die überflüssigen Pfunde belasten den ohnhin schon geschwächten Körper zusätzlich.

Wer rastet, der rostet

Ältere Bullys benötigen nach wie vor ihre täglichen Spaziergänge. Das »Zeitunglesen« und der Kontakt zu ihren Artgenossen hält sie fit. Verteilen Sie kleine Leckerli im Haus, die Sie zum Beispiel unter Blumentöpfen aus Kunststoff verstecken, und lassen Sie Ihren Vierbeiner danach suchen. Auch dadurch fordern Sie Ihren Senior auf altersgerechte Art und tragen dazu bei, dass er möglichst lange fit und agil bleibt.

Abschied nehmen

Trotz bester Haltung ist irgendwann nicht zu übersehen, dass Ihre Französische Bulldogge starke Schmerzen hat und massiv leidet. Dann ist es für den Hund Zeit zu gehen. Mit Sicherheit ist dies eine der schwersten Aufgaben für einen Hundehalter. Aber Egoismus und Eigensucht sind hier ebenso fehl am Platz wie falsches Mitleid. Nehmen Sie Abschied. Beweisen Sie Ihrem langjährigen geliebten Freund auf seinem letzten Weg Ihre Treue und lassen Sie ihn nicht alleine, sondern in Würde sterben. Es ist Ihre Pflicht, in dieser Form »Dankeschön« zu sagen – für all die vielen gemeinsamen Stunden. Und wenn die Zeit der Trauer vorbei ist, hat vielleicht irgendwo gerade wieder ein kleiner Bully-Welpe das Licht der Welt erblickt, der sich so treu sorgende Hundeeltern wünscht, wie Sie es sind.

DANK

Mein Dank gilt meinen Vereinskameraden die teilweise hunderte von Kilometern gefahren sind, damit die Fotos für dieses Buch entstehen konnten. Ich möchte mich bei Barbara Pallasky, Frank Wolter und Karl Schulze bedanken, die mir viele Daten rund um die Französische Bulldogge zur Verfügung stellten. Unerwähnt sollen auch nicht Marion und Uli Schädel bleiben. Sie haben es möglich gemacht, dass Sie in diesem Buch Welpen ab der dritten Lebenswoche sehen. Meine Freunde aus Freising, Susi und Peter Seiwert, haben das letzte Shooting in ihrem Haus begleitet. Letztendlich muss sich mein Mann umarmt fühlen, der mir beim Schreiben ein wichtiger Impulsgeber war und der immer schmunzelnd und geduldig mein Hobby mit den kleinen dicken Hunden betrachtet.

Susanne Saller-Schneider

Making-Of

*Wer weiß, wie stürmisch, verspielt und zuweilen auch dickköpfig Französische Bull-
doggen sind, kann über die vielen braven »Fotomodelle« auf den vorangegangenen
Seiten wahrscheinlich nur staunen. Es war tatsächlich nicht immer einfach. Doch viele
unermüdliche Helfer und noch mehr Bullys haben tagelang ihr Bestes gegeben, damit
Sie sich ein Bild von diesen herrlichen Hunden machen können.*

Während der Arbeiten an diesem Buch hatte
ich das Glück, persönlich an einem der Foto-
shootings teilzunehmen. Da sich der Großteil
der Redaktionsarbeit am Schreibtisch abspielt,
ist so ein Tag mit den Hauptdarstellern natürlich eine äußerst willkommene Abwechslung.
Bei Familie Seiwert in Freising wurden meine
Bildredakteurin, die Fotografin und ich samt

unseren eigenen Hunden mit offenen Armen
empfangen. Neben rund 15 erwachsenen Französischen Bulldoggen waren auch die frisch-
gebackenen Welpenbesitzer aus dem letzten
Wurf von Familie Seiwert mit ihren etwa zehn
Wochen alten Schützlingen zu Gast. Trotz
hochsommerlicher Temperaturen und fotografi-
schem Dauereinsatz haben alle Bullys eindeutig

*Halt, hiergeblieben:
Sieben neugierige
Bullys für ein Foto
in Reih und Glied
zu bringen ist fast
mehr Arbeit, als
einen Sack voller
Flöhe zu hüten.*

Sind die süß: Leider hatten alle Welpen schon neue Besitzer.

bewiesen, dass sie tatsächlich richtige Vollbluthunde sind und keineswegs nur als modische Accessoires missverstanden werden sollten. Über acht Stunden haben Hund und Halter an diesem Tag wirklich vollen Einsatz gezeigt – was sich, wie die wunderbaren Bildstrecken erkennen lassen, auch richtig gelohnt hat. Letztendlich bleibt mir nur eins zu sagen: Obwohl ich eine erklärte Liebhaberin von großen Hunden bin, konnte ich mich dem Bully-Virus nicht entziehen. Hat man sich erst mal an die grunzende, schnaubende Geräuschkulisse und die mehr als stürmischen Liebesbekundungen gewöhnt, ist es tatsächlich nicht mehr schwer, sein Herz an die lustigen Franzosen zu verlieren. Ob sie als Einzelmodell im aufgebauten Studio

sitzt oder in der wilden Meute über die Wiese saust: einer Französischen Bulldogge stiehlt so schnell nichts die Show. Einzig die putzigen Welpen mit ihren riesigen Ohren konnten den Niedlichkeitsfaktor der Eltern noch toppen. Tatsächlich steckt noch im kleinsten Bully ebenso viel Lebenslust, Herz und Ego wie in jedem seiner großen Verwandten. Ihrem Charme wird über kurz oder lang jeder Hundefreund verfallen.

Vielen Dank für die wunderbaren Eindrücke und Begegnungen an alle beteiligten Bully-Freunde und ihre Hunde!

Regina Denk
Redaktion

Um ein tolles Foto zu schießen, ist hin und wieder voller Körpereinsatz notwendig. Dass sich ein Bully-Welpe so eine Aufforderung zum Toben nicht entgehen lässt, musste unsere Fotografin am eigenen Leib erfahren.

ALS TIER-FOTOGRAFIN habe ich fast täglich mit Hunden zu tun und treffe dabei auf die unterschiedlichsten Rassen und Charaktere. Bullys verkörpern für mich immer eine geballte Ladung gute Laune. Und so habe ich mir schnell angewöhnt, beim ersten Kennenlernen immer etwas breitbeinig zu stehen, damit ich bei der typisch bully-haften stürmischen Begrüßung nicht das Gleichgewicht verliere. Unterschätzen sollte man diese kleinen Kraftpakete nämlich nicht. Zum Glück habe ich noch nie einen unfreundlichen Bully kennengelernt. Auch bei den Shootings für dieses Buch hat sich wieder einmal bestätigt: Die Schwierigkeit besteht nicht darin, die Hunde bei Laune, sondern auf zwei bis drei Meter Abstand zu halten, damit ich

überhaupt Fotos machen konnte. Am liebsten hätten die Bullys einfach nur mit mir gespielt und getobt – meine üblichen Verrenkungen beim Fotografieren waren wohl auch eine perfekte Spielaufforderung für die neugierigen Kerlchen. Glücklicherweise hatten wir viele ausstellungserprobte »Models«, die das Stillstehen von klein an gewöhnt sind.

Die Welpen waren natürlich weniger diszipliniert. Aber was erwartet man von Hundebabys eigentlich mehr, als unglaublich süß auszusehen – und das taten sie allemal. Und dank der engagierten Züchter, die die Welpen auch nach dem zehnten Ausbruchsversuch immer wieder geduldig zurück auf die Fotoleinwand gesetzt haben, konnte ich wunderbare Bilder machen. Ebenso nach-

Wer bist du denn? Zum Glück sind Bullys sehr neugierig und werfen sich immer wieder gern in Pose, wenn man die richtigen Mittel kennt – oder so groß- artige tierische Unterstützung bekommt wie bei diesem Foto.

sichtig zeigten sich übrigens die Akteure hinter den Kulissen, wenn wir uns kaum mehr von den kleinen Kobolden trennen konnten. Denn natür- lich hatten schon alle eine neue Familie gefunden. Frau Saller-Schneider, die für das Bully-Casting zuständig war, hätte ihre Sache nicht besser ma- chen können. Bei keinem anderen Fotoprojekt hatte ich je so viele unterschiedliche Hundemo- dels zur Auswahl. Insgesamt haben wir rund 50 erwachsene Bullys und 15 Welpen fotografiert – an den unterschiedlichsten Plätzen in ganz Deutschland. Das wohl außergewöhnlichste Shooting hatten wir bei Frau Pallasky, die kur- zerhand ihren Papagei einsetzte, um die Bullys zu animieren. Nur dank dieser tierischen Unter- stützung haben wir es geschafft, dass sieben Französische Bulldoggen in einer Reihe sitzen beziehungsweise liegen blieben und auch noch in ein und dieselbe Richtung blickten. Das Er- gebnis sehen Sie auf Seite 8 und 9.

Hätte ich nicht schon zwei Hunde, ich hätte mir mindestens einen Welpen aus einem der näch- sten Würfe gesichert. Schließlich kann man dem Charme dieser drolligen Kerlchen tatsächlich nur schwer widerstehen.

Ein herzliches Dankeschön an alle Zwei- und Vierbeiner vor und hinter den Kulissen.

Debra Bardowicks
Fotografie

Register

A

Abstammungsnachweis 57
Afterkrallen 32
Ahnentafel 52, 57, 65
Allein sein 81
Alter 94, 132–133, **132–133**
Analdrüsenverstopfung 126
Analgesicht 126
Artgenossen 92
Atemnot 126
Aufbaustoffe 108, 132
Augen 29, **30**, 32
Augenerkrankungen 126
Augenpflege 115, **114**
Ausstellung 100–103, **103**
Ausstellungskatalog 52
Auto 74, 121, **124**

B

Baden 114–115
Begleithund 22
Begleithundetraining 91
Beißen 94
Belohnung **91**
Bett 72–73, **72**, 77, 79, **81, 113**
Betteln 90, 111
Bewusstlosigkeit 129
Bordeauxdogge 19, **19**
Brindle **16, 21**, 39, **118**, 120–
   121, 123, 127, 132–133
Bronchitis 126
Bürsten 115, **115**

C

Charakter 22, 28
Chipregistrierung 57

D

Dalmatinertupfen 39, 41
Darmverstimmung 129
Deckakt 60

Demodex 126–127
Depigmentierung 32, 38
Diät 111
Dilutations-Gen 41–42
Double handling 93
Durchfall 127–128

E

Eingewöhnung 68, 78–81
Englische Bulldogge 12, **12**, 13,
   14, 19, **19**
Entwicklungsgeschichte 16
Ernährung 108–111
Erscheinungsbild 28
Erziehung 65, 88–91

F

Fährtenarbeit 98, **99**
Falten 82
Faltenpflege 116
Farben **25**, 38–43, **39**
– Brindle **16, 21**, 39, **118**, 120–
   121, 123, 127, 132–133
– Fauve 41, **43, 75, 117**
– Fauve-Schecke 41
– Gestromt **16, 21**, 39, 42, **118,**
   120–121, 123, 127, 132–133
– Schecke **5, 11, 13**, 36–41, **37–**
   38, 40, 135
– Weiß 41, **43**
– White 41, **43**
– White and brindle **5, 11, 13,**
   36–41, **37–38, 40, 135**
Farben, nicht zugelassene 43
Farben, USA 43
Fauve 41, **43, 75, 117**
Fauve-Schecke 41
FCI 38, 41, 43, 57
FCI-Standard 28–33, **34–35**, 36,
   38
Fehlfarben 41–43

Fell 32, 114
Fellpflege 114, **115**
Fertigfutter 106
Fieber messen 126
Forellentupfen 39, 41
Futter 58, 73, 108–111
Futternapf 73, 77, **73, 76–77**
Futterstelle 79
Futterzeiten 108

G

Gangwerk 32
Geburt 61
Geburtstermin 60
Gesäugeentzündung 64
Geschirr 72, 74, 77, **76–77**
Gestromte Bullys **16, 21**, 39,
   118, 120–121, 123, 127,
   132–133
Gesundheitsvorsorge 124–125
Gliedmaßen 31
Griffon 13, 131
Grundausstattung 72–74, **72–73,**
   75

H

Haarkleid 32, 33
Haarwechsel 114
Halsband 72, 77, **75–77**
Heimreise 78
Hepatitis 124
Herbstgrasmilbe 117, 128
Hier (Kommando) **89**
Hitzschlag 118, 128–129
Homöopathie 60
Hundegitter 74
Hundeschule 91
Hundeshampoo 114
Hündin 70
Husten 126
Hyperaktivität 109

I

Idealgewicht 111
Ignorieren 81
IKFB 17, 52, 92
Impfabstände 124
Impfausweis 53
Impfen 53, 57, 65, 124–125
Imponiergehabe 93
Infektionen 42, 56
Insektenstiche 129

J

Jack Russel Terrier 18, **18**
Junghundkost 109

K

Kaiserschnitt 61, 62
Kamm 93
Kaputt beißen 81
Kastration 70, 71
Katzenfutter 108
Kaufvertrag 78
Kauknochen 111
Keilwirbel 129
Kennel Club 14, 15
Kiefer 29, 57
Kinder 26–27, **56**, 83, 94, **82–83,**
   96–97
Kniescheibe 17
Knochen 111, 119
Kommandos 88–89
Kopf 28, **28**
Körperbau **29**, 30–31, 92
Körperpflege 114–19
Körpersprache 92–93
Körpertemperatur 26
Kosten 51, 55
Krallen 32, **32**
Krallenpflege 116
Krallenzange 116
Krankheiten 126–130

– Analdrüsenverstopfung 126
– Atemnot 126
– Augenerkrankungen 126
– Bronchitis 126
– Darmverstimmung 129
– Demodex 126–127
– Durchfall 127–128
– Herbstgrasmilbe 128
– Hitzschlag 128–129
– Insektenstiche 129
– Magenverstimmung 129
– Milben 128, 129
– Ohrenmilbe 129
– Verschiebbare Kniescheibe
   (angeboren) 129
– Würmer 130
Kurzatmigkeit 22, 111

L

Leckerli 81, 91, 92, 97, **109**,
   110–111
Lefzen 29
Leine 72, 77, **76–77**
Leinenführigkeit 88
Leptospirose 124
Loben 81

M

Magendrehung 109
Magenverstimmung 129
Maske 38, 41
Meldegeld 92
Milchstau 64
Mikrochip 57
Milben 126, 127, 129
Milchtritt 64
Milchzähne 64
Mimik 92
Mineralstoffe 108, 109
Molosser 10, 23, 28
Mops 13, 18, **18**, 22, 131
Mundgeruch 118, 132

Mundpflege 118
Muttermilch 65

N

Nägel 32, **32**, 38
Nagelpflege 116
Nahrungsergänzungsmittel 108,
   109
Nase 28–29
Nasenpflege 116
Nasenspiegel 28, **31**
Nassfutter 108, 110

O

Ohren 30, **30**
Ohrenentzündung 129
Ohrenmilbe 129
Ohrenpflege 116
Ohrenreinigungsmittel 116

P

Papiermanschette 64
Parvovirose 124
Patella 17, 129
Pfotenpflege 119
Platz (Kommando) 88–89, **89**

Q

Quarantäne 56

R

Randalieren 81
Rangfolge 94, 96
Rassestandard 28–33, 43
– auf einen Blick 34–35
– Fehler 32–33
Regeln 96
Rezessives Verdünnungsgen 41
Rindertatar 64, 79
Ringtraining 103
Rosenohren 14
Rüde 70
Rute 28, 31, **31**, 57, 92

S

Schecke **5, 11, 13**, 36–41, **37–38**,
   40, 135
Schimpfen 81
Schlafplatz 72–73, **72**, 78–79, **81**,
   113
Schlittenfahren 126, 130
Schnappen 96
Senior 132–133, **132–133**
Seniorenkost 110, 132
Showring 103
Sitz (Kommando) 88, **88**
Sommer 118–119
Spielaufforderung 94
Spielen 22, **90**, 94, **95**, 110
Spielzeug 73, **75**
Springen 90, 94
Stammbaum 52
Staupe 125
Stubenreinheit 58, 65, 80

T

Tagesration 108, 109
Tagesstruktur 108
Terrier-Boules 13, 14
Tierarztsuche 131
Tollwut 124, 125
Toy-Bulldogs 13, 14, 15
Trächtigkeit 60
Tragzeit 48
Transportbox 74
Trennungsschmerz 79
Trockenfutter 108, 110

U

Übergewicht 111, 132
USA 16, 43

V

VDH 14, 52, 57, 92
Verhalten 28
Verpaarung 38, 42, 60
Verschiebbare Kniescheibe
   (angeboren) 129–130

Vertrag 53
Verwandte Rassen 18–19, **18–19**
Vorbiss 29, 57
Vorführleine 93

W

Wassernapf 73
Weiße Bullys 41, **43**
Welpen 45, 50–51, 52, 55,
   58–65, **59, 60–63, 65**, 78–81,
   79–80, 137
Welpenkauf 22
Welpenkost 64, 108
Welpenshampoo 115
White 41, **43**
White and brindle **5, 11, 13**,
   36–41, **37–38, 40**, 135
Winter 119
Wirbelsäule 17, 22
Wurfkiste 60, 64
Wurfprotokoll 57, 63
Würmer 130

Z

Zähne 29, 117, 132
Zahnfleischentzündung 117, 118
Zahnpflege 110–111, 118, 132
Zahnstein 110, 117, 118, 132
Zerrspiele 94, 97
Zuchtauflagen 17
Zuchtbuch 14, 17
Zuchtbuchnummer 57
Zuchtpapiere 50
Zuchttauglichkeitsprüfung 52, 55
Zuchtvereine 51
Zuchtwart 54, 57, 62, 65
Zwerggriffon 18, **18**
Zwingerbuch 52
Zwingerhusten 125

Die halbfett gesetzten Seitenzah-
len verweisen auf Abbildungen.

Adressen, die weiterhelfen

Internationaler Klub für Französische Bulldoggen e. V. (IKFB), Siebenbürgenstr. 1, 84503 Altötting, Tel. 08671/9287172, Mo–Fr 15–17.30 Uhr

Österreichischer Club für Französische Bulldoggen, Stiftgasse 15, A-1070 Wien, www.franzbull.at

Schweizerischer Klub für Französische Bulldoggen, Erlengraben, CH-6162 Finsterwald/LU, www.suisse-bully.ch

Fédération Cynologique Internationale (FCI), Place Albert 1er, 13, B-6530 Thuin, www.fci.be

Verband für das Deutsche Hundewesen e. V. (VDH), Westfalendamm 174, 44141 Dortmund, www.vdh.de

Österreichischer Kynologenverband (ÖKV), Siegfried-Marcus-Str. 7, A-2362 Biedermannsdorf, www.oekv.at

Schweizerische Kynologische Gesellschaft (SKG/SCS), Brunnmattstr. 24, CH-3007 Bern, www.skg.ch

Fragen zur Haltung beantworten

Ihr Zoofachhändler und der **Zentralverband Zoologischer Fachbetriebe Deutschlands e. V. (ZZF),** Tel.: 0611/44755332 (nur telefonische Auskunft: Mo 12–16 Uhr, Do 8–12 Uhr), www.zzf.de

Versicherungen

Fast alle Versicherungen bieten auch Haftpflichtversicherungen für Hunde an.

Uelzener Versicherungen, PF 2163, 29511 Uelzen, www.uelzener.de

Puntobiz GmbH, Immendorfer Str. 1, 50354 Hürth, www.tierversicherung.biz

AGILA Haustierversicherung AG, Breite Str. 6–8, 30159 Hannover, www.agila.de

Allianz, Königinstr. 28, 80802 München, www.katzeundhund. allianz.de

Registrierung von Hunden

Wer seinen Hund vor Tierfängern und dem Tod im Versuchslabor schützen will, kann ihn hier registrieren lassen.

Deutsches Haustierregister, Deutscher Tierschutzbund e. V., Baumschulallee 15, 53115 Bonn, www.deutsches-haustierregister.de

TASSO e. V., Abt. Haustierzentralregister, 65784 Hattersheim, Tel. 06190/937300, www.tasso.net

Internationale Zentrale Tierregistrierung (IFTA), Nördliche Ringstr. 10, 91126 Schwabach, Tel. 00800/43820000 (kostenlos), www.tierregistrierung.de

Urlaubs-Beratungsservice des Deutschen Tierschutzbundes, Tel.: 0228/604 96 27, Mo–Do 10–18 Uhr, Fr 10–16 Uhr

Adressen im Internet
www.tierklinik.de
Informationsportal für Tiermedizin, mit Ratgeber, Infos, Hilfe, Notdienstadressen u. v. m.

www.hunde.com
Wissenswertes zur Ernährung, Gesundheit, Erziehung, Sport und Pflege auf über 200.000 Seiten

www.spass-mit-hund.de
Spiele, Sport und Spaß mit Hunden

www.ferien-mit-hund.de
Die besten Adressen für Reisen mit dem Hund

www.hallohund.de
Tipps zur Haltung, Erziehung und Ernährung. Fotogalerie, Bücher, Forum und Videos

Bücher, die weiterhelfen

Birmellin, I.: **Schlauer Hund. So fördern Sie, was in ihm steckt.** Gräfe und Unzer Verlag

Feddersen-Petersen, D. U.: **Hundepsychologie.** Franck-Kosmos Verlag

Krowatschek, D.: **Kinder brauchen Tiere.** Patmos Verlag

Krüger, A.: **Besser kommuniziren mit dem Hund.** Gräfe und Unzer Verlag

Kübler, H.: **Quickfinder Hundekrankheiten.** Gräfe und Unzer Verlag

Ludwig, G.: **Das große GU Praxishandbuch Hund.** Gräfe und Unzer Verlag

McConell, P. B.: **Das andere Ende der Leine.** Was unseren Umgang mit Hunden bestimmt. Kynos Verlag

Rütter, M.: **Hund–Deutsch, Deutsch–Hund.** Langenscheidt Verlag

Schlegl-Kofler, K.: **Das große GU Praxisbuch Hunde-Erziehung.** Gräfe und Unzer Verlag

Schlegl-Kofler, K.: **Hundesprache.** Gräfe und Unzer Verlag

Trumler, E.: **Mit dem Hund auf du.** Piper Verlag

Wolf, K.: **Hunde – Spiel & Sport.** Gräfe und Unzer Verlag

Zeitschriften

Der Hund. Deutscher Bauernverlag GmbH, www.derhund.de

Partner Hund. Gong Verlag, Ismaning, www.partner-hund.de

Das Deutsche Hundemagazin. Gong Verlag, Ismaning, www.deutsches-hundemagazin.de

Unser Rassehund. Verband für das Deutsche Hundewesen e. V. (Hrsg.), Dortmund, www.unserrassehund.de

Dogs. Gruner + Jahr, Hamburg, www.dogs-magazin.de

Freude am Tier

GU Tierratgeber – damit Ihr Heimtier sich wohl fühlt

ISBN 978-3-8338-1878-3
256 Seiten

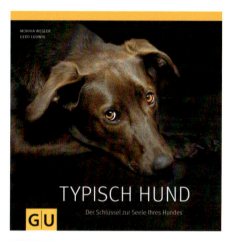

ISBN 978-3-8338-1803-5
144 Seiten

ISBN 978-3-8338-2206-3
64 Seiten

ISBN 978-3-7742-6825-8
256 Seiten

ISBN 978-3-8338-1716-8
128 Seiten

ISBN 978-3-8338-1171-5
168 Seiten

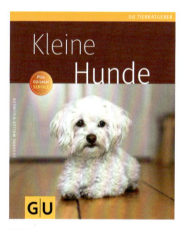

ISBN 978-3-8338-1605-5
64 Seiten

ISBN 978-3-8338-1173-9
256 Seiten

Das macht sie so besonders:

Rat vom Experten – bestens informiert

Gut versorgt – von Anfang an

Tolle Ideen – mit Wohlfühlgarantie

Willkommen im Leben.

Impressum

© 2011 GRÄFE UND UNZER VERLAG GmbH, München
Alle Rechte vorbehalten. Nachdruck, auch auszugsweise, sowie Verbreitung durch Bild, Funk, Fernsehen und Internet, durch foto-mechanische Wiedergabe, Tonträger und Datenverarbeitungssysteme jeder Art nur mit schriftlicher Genehmigung des Verlages.

Projektleitung: Regina Denk

Lektorat: Sylvie Hinderberger

Bildredaktion: Daniela Laußer

Umschlaggestaltung und Layout: independent Medien-Design, Horst Moser, München

Herstellung: Claudia Häusser

Satz: Christopher Hammond

Reproduktion: Longo AG, Bozen

Druck: Firmengruppe APPL, aprinta, Wemding

Bindung: Firmengruppe APPL, m.appl, Wemding

ISBN 978-3-8338-2325-1

1. Auflage 2011

Umwelthinweis
Dieses Buch ist auf PEFC-zertifiziertem Papier aus nachhaltiger Waldwirtschaft gedruckt.

GRÄFE
UND
UNZER

Ein Unternehmen der
GANSKE VERLAGSGRUPPE

Bildnachweis
Alle Bilder: Debra Bardowicks mit Ausnahmen:

Corbis: 14; Petra Ender: 74-75; Getty-Images:12; Daniela Laußer: 138; Zoonar: 18-3

Bild S. 17 aus dem Buch: »Dog Shows And Doggy People« | von Charles H. Lane (1912)

Syndication: www.jalag-syndication.de

Wichtiger Hinweis
Die Informationen und Empfehlungen in diesem Buch beziehen sich auf normal entwickelte, charakterlich einwandfreie Hunde. Wer ein erwachsenes Tier zu sich nimmt, muss berücksichtigen, dass dieser Hund bereits vom Menschen geprägt ist und bestimmte Gewohnheiten hat. Er sollte sich vor der Kaufentscheidung unbedingt damit bekannt machen. Bei Hunden aus dem Tierheim können Pfleger und Tierheimleitung of Auskunft über die Vorgeschichte des Tieres geben. Bei erwachsenen Tieren vom Züchter sollte dieser Ihnen alle nötigen Informationen geben können. Auch bei einem gut erzogenen und sorgfältig beaufsichtigten Hund lässt sich das Risiko nicht völlig ausschließen, dass er Schäden an fremdem Eigentum anrichtet oder sogar einen Unfall verursacht. In jedem Fall ist ein ausreichender Versicherungsschutz zu empfehlen.